給

玉娥

一個認真的聆聽者

北角浸信會

一個聆聽的羣體

此時此道

二版

孫寶玲 著

▼

教會事工系列・宣講職事

此時此道

Word: Being and Time

作者

孫寶玲 Sun, Po-ling

責任編輯

李慧儀

內文設計

郭曉勤

封面設計

奇文雲海・設計顧問

■

出版 / 發行

基道出版社

香港沙田火炭坳背灣街 26 號富騰工業中心 1011 室

LOGOS PUBLISHERS

Unit 1011, Fo Tan Ind. Centre, 26 Au Pui Wan St., Shatin, Hong Kong

電話：(852) 2687-0331　傳真：(852) 2687-0281

網址：http://www.logos.com.hk

承印

陽光印刷製本廠

●

8/2003 初版　2/2015 二版

Cat. No. LP342-2

ISBN-10: 962-457-243-7

ISBN-13: 978-962-457-243-8

刷次	10	9	8	7	6	5	4	3	2	1
年份	2024	2023	2022	2021	2020	2019	2018	2017	2016	2015

鄧序

鄧紹光　香港浸信會神學院基督教思想
（神學與文化）教授

《此時此道》的英文書名是*Word: Being and Time*。這個英文書名叫人想起德國現象學家海德格（M. Heidegger）的哲學名著*Being and Time*（中譯為《存有與時間》）。海德格不滿西方哲學遺忘了存有、真理，因為傳統的西方形而上學忽略了存有、真理是在時間中開顯其自己的，以為存有、真理必然是抽離世界，不食人間煙火。事實上，基督信仰早就洞悉真理是具體的，因為道成了肉身，住在我們中間，充充滿滿，有恩典、有榮光。

我們說聖道是具體的，因為耶穌基督不是抽象的玄思對象，祂實實在在地於時間中表明真實無瑕疵的生命，真理就是真實而非詭詐、虛謊的。這具體的聖道，是此後一切宣講的根源，以及規範。當聖道以敍事時間的方式開展其生命，祂就告訴我們生命的本真結構。譬如說，生命不能留戀過去的成功或失敗，總要向前盼望，因此，主耶穌說，手扶著犂向後望的，不能進天國。回轉，也就是從舊有逝去的過去轉身跟隨那在前面的主。死亡是屬於過去的，因為復活才是真正的將來。耶穌基督的命途揭示了這一奧祕。

宣講聖道，因此必須也是具體的，是真實而非詭詐、虛謊的。此時，此道。上帝的聖道要在此時的宣講中對我們講說話，祂那敘事性的生命要介入我們此時此刻昏暗不明的生命當中，施行拯救、轉化，好讓我們不再糾纏於過去這一情結，而可以有新的開展；忘記背後，努力面前。宣講聖道，就是帶來「新的可能」的信息，就是在基督敘事性的生命中揭開這一「新的可能」的信息，好讓此時此刻的我們得生命。

是以，一切的宣講，都是此時此道。孫寶玲牧師／博士這本講道集正是要闡明宣講這一特性。筆者甚願孫牧師／博士的講道集陸續有來，造福華人教會，造福我們這些昏暗不明的生命。

曾序

曾駱瓊瑤 北角浸信會執事

崇拜裏的宣講，是信徒的生命得激勵、栽培和造就的一個途徑。宣講者最渴望的，應該是透過宣講，帶領會眾進入真正的崇拜，確認耶穌基督是崇拜中心，並使上帝與人合一，講者聽者同感一靈，同蒙造就，踐信於行。

談到實踐信仰，上帝的話語自然是基督徒行事為人之準則。然而，每當將聖經付諸身體力行之時，間或有聖經與現實生活脱節之感覺。乏力、無助和無奈相信是大多數基督徒的實際經驗。在過去一年，孫寶玲牧師在北角浸信會的主日講台，按經課的計劃，以耶穌基督生平和職事為根據，從不同角度帶領弟兄姊妹思念和經歷上帝的救贖，使會眾經歷上帝是過去、現在和將來一直不間斷施行救贖的主宰，使會眾體會上帝那寶貴、活潑又有權柄的話語。

孫牧師以深入淺出的宣講牧養會眾，既將聖經的話語連上時代的需要和現實生活，又將我們個人和羣體的生命放在上帝的救贖裏。在上帝的救贖裏，我們的生命不是偶然，也不是無奈。每個信徒都可以光芒四射，只要肯讓光之源頭照亮，我們就可反射。我們縱或有選擇錯誤的時候，甚至我們的生命因為種種的因由而墮入空虛混沌，但創造和救贖的上帝仍然有能力在我們的紊亂中理出秩序。

孫牧師的宣講不乏活生生、有血有淚、讓人動容的片斷，時而讓人發出會心微笑，時而開懷大笑，時而搖頭嘆息、痛心，甚至難過，在不知不覺間代入經文和講章中，如同身受。但最寶貴、最重要的，莫如他勉勵會眾，使我們深入省思上帝的話語，體會箇中奧妙，得見生命的次序和價值，從經文和生活中經歷這位又真又活的主。

如今將這些講章輯錄付印，料可供更多人閱讀、體會、得益，這實在是父上帝的恩典。我祈禱主親自祝福這書、使用這書，讓每一位讀者都覺得百看不厭，津津有味。我祈禱透過這些講章，讀者能體會這位宇宙萬物之主宰的大能大愛，更深認識祂的慈愛與公義。誠然，這位創造我們、愛我們，並每時每刻與我們同在、與我們同工的上帝，是值得我們將生命獻呈歸祂所用的上帝。

北角浸信會有幸成為以馬內利浸信會以外第一間在崇拜裏使用經課的浸信教會，必須感謝孫牧師肯認定我們是一個聆聽的羣體，深信他的策劃、苦心的辛勞不會白費。在此特別衷心感謝孫牧師於我們教會最需要的時候，在百忙中仍肯當我們的顧問牧師，而且是非一般的顧問。他凡事親力親為，盡心盡力地愛教會愛弟兄姊妹。他參與各種事奉，預備講壇信息，提醒、鼓勵、關懷牧養弟兄姊妹，默默努力耕耘，是眾弟兄姊妹及同工所眼見心感的。願上帝繼續使用孫牧師和他的職事。

自序

孫寶玲

蕭伯納 (Bernard Shaw) 說過，沒有人可以為所有人和所有時代寫作，就只有為自己和自己身處時代寫作的人。我想這句話亦能應用在宣講上。沒有人可以為所有人和所有時代宣講。只有為自己和自己的羣體和處境宣講的傳道者。這說明了我為甚麼要將這些講章付印。

這裏所收錄的，是我在二〇〇二年於北角浸信會以經課 (Lectionary) 作為根據的部分講章。[1]將講章輯錄以至付印，並不在於講章好還是不好，而是見證我與羣體的處境。從信仰的角度說，雖說香港的教會身處地球一隅，這些講章亦嘗試見證我們仍然與往昔和中外的先賢相連。這個血脈之結繫於聖經和教會的傳統。

聖經之為宣講的前設和基礎自是不必贅言。就教會的傳統而言，我相信經課是一個我們應該珍而惜之的瑰寶。然而，在非禮儀教會裏，經課一直為人所忽視。而這種忽視往往是因為不知其然，也不知其所以然的原故。或者更根本的原因是沒有經課宣講的講章可供參考。[2]我將講章輯錄付印，是希望藉著這些講章顯示經課宣講的可行性。讀者在閱讀講章的過程裏，可以體會經課宣講不一定僅僅是講福音書。而就算經課宣講以耶穌基督生平為綱領，亦可以從不同的角度宣講。是故，我希望讀者能體會經課宣講不一定是與會眾脱節的僵化傳統。至於有關經課的歷史源流和經課宣講的討論，讀者可參附文〈經課宣講：歷史、神學和實踐〉，原收於《山道期刊》，卷五，第二期，頁103至123。

除了經課的講章，我還收集了一些曾經在特別處境下宣講的講章，包括：按立禮、安息禮拜、婚禮、家庭主日等講章。每篇講章都有簡短的介紹，好讓讀者明白我為甚麼會選某些經文。從選取經文到講章的鋪陳和目的，會眾都有極其重要的貢獻，因為每一次的宣講都是獨特的，每一次宣講都是為會眾而設的。我常對我的學生説，上帝是活潑的主宰，祂的道也是活潑的。我們沒有必要總是用哥林多前書十三章或以弗所書五章來作婚禮講章的起點。同理，我們也不一定要在喪禮裏用約翰福音十一章。每一對新人都是獨特的，每一位安息的肢體都有他／她自己的故事。上帝在他們身上也自有其獨特的工作和痕迹。他們的生命，不論長短、顯赫平凡，一定有值得我們宣講上帝在其中的地方。問題是我們是否認真注視他們的生命，牧養他們。

我也相信每次宣講都必然是福音性的。福音宣講並不限於某種形式、場合或主題，不是惟獨佈道會的宣講才算是講福音，或福音宣講必然與罪、悔改、重生等主題有關。我相信只要宣講涉及我們如何因為相信上帝而能面對生命的種種，便已經是福音宣講，無論那是喜、是悲、是分離、是結合、是邁進、是回首。人們需要福音，是整個生命裏的每一階段都需要福音，而不是僅限於決志信主這個轉折點。未信的人需要福音，信了的人仍然需要福音。我是這樣了解和宣講福音的。所以，我相信宣講福音不一定只有一種模式。我們看待生命的方法和態度根本就是福音。

據我所知，在香港的浸信會裏，除了我曾參與事奉的以馬內利浸信會外，北角浸信會是第一間在崇拜裏使用經課的浸信教會。在此，我必須要感謝北角浸信會的信任和接納。羅耀芸主任和眾同工們，還有敬拜部和眾執事的鼓勵、支持和配合，使我可以順暢地運用經課，並以此為基礎設計崇拜。當然，早午堂詩班、帶領和司琴給予的合作，常常為我的宣講加添了許多的色彩和動力。而北浸會眾的生命和回應，更一直是我宣講的一個動力。曾駱瓊瑤執事所寫的序，並幾位會友就部分講章的回應，正是見證了他們的支持。在此，我也感謝我曾在幾篇特別講章中提及的幾位弟兄姊妹，他們允許我藉著這些講章讓讀者分享他們的經歷和生命。

我也感謝浸信會神學院的同工鄧紹光老師，他是鼓勵我將講章付印的第一人。對此我深深感動。自一九八九年夏天我赴美開始，紹光就再沒有聽過我講道，他的提議使我戰兢萬分，恐怕辜負了他的心意。各院校友好在學期末這工作量極其繁重的時刻仍然提筆回應，我尤其感動。大概是對上帝的道的負擔，使我們用文字走在一起吧！對此，我只有感恩和感激。

最後，我將此書獻給我的妻子玉娥。她是最嚴格的聆聽者。她的執著使我從來不敢懈怠講台的事奉。

註釋：

1 經課以十二月第一主日的「將臨期」(Advent) 開始，一直到翌年的十一月底的基督君王主日。我在教會的事奉則始於二〇〇二年一月，二〇〇二年的經課 (Year A) 就缺了將臨期的講章。為填補這個空隙，我將二〇〇三年經課 (Year B) 的將臨期講章當作二〇〇二年的將臨期用。

2 市面有許多講章集。據我所知，以經課為框架的講章集卻不多見。

目錄

聖靈降臨期

平常期

第二部分 特別處境講章

按立禮

安息禮拜

婚禮

家庭主日崇拜

附錄

第一部分

經課講章選輯

等候主的日子

馬可福音十三章24至37節

將臨期第一主日

……日頭要變黑了，月亮也不放光，眾星要從天上墜落，天勢都要震動……你們要謹慎，儆醒祈禱，因為你們不曉得那日期幾時來到……

在將臨期（Advent）的第一主日，也許我們不太習慣以這段經文開始這個節期。因為將臨期就是等候和預備主降臨的節期。每當我們提及主的降臨，大多數人總會想到聖誕節。而每當我們提到聖誕節，必然又會想到聖誕老人、裝飾佈置、聖誕樹、禮物、燈飾、吃不完的食物、去不完的集會歡慶。

早期的基督徒想及主的降臨時，他們腦中所呈現的圖畫卻並不是這樣。他們的思維和生活，並不像我們這般受商業主義和消費文化所薰陶。事實上，愈趨近聖誕，我們所見到的盡是各式各樣消費享樂的廣告。當然，除了種種商品和消費的宣傳，近年我們還會看到家計會和社會服務機構的呼籲，提醒青少年人在聖誕假日歡樂中，不要忘記兩性接觸的代價。最近，似乎還加上政府提醒人不要酒後駕駛。這是我們今天等候聖誕來臨時所呈現的景象。

當早期基督徒想及主的降臨，他們的腦海裏想到的不是聖誕老人，而是審判的主宰。當早期的基督徒提及主的降臨，他們不會想到五光十色的霓虹燈飾，他們想到的是「太陽變黑，月亮不放光，眾星墜落，天勢震動」。當早期基督徒想到主的降臨，他們想到的不是豐富的食物或作樂尋歡的人羣，而是苦痛裏掙扎的民眾，到處是饑荒、戰亂、苦毒、鬥爭，正是「民要攻打民，國要攻打國」的時刻。

當早期的基督徒想及主的降臨，他們所想的是「主的日子」。事實上，在上帝子民的歷史裏，每當盼望主的來臨時，他們必定想到「主的日子」。我們在馬可福音所念到的景象，同樣呈現於許多猶太正典和典外作品中。我們稱使用這類表達形式的作品為「天啟／啟示文學」(apocalyptic literature)，在舊約和新約作品裏，不乏含有這種表達方式的書卷，像約珥書、以賽亞書、以西結書、撒迦利亞書等。在新約裏最廣為人知的天啟文學作品自然是啟示錄，而馬可福音十三章亦具備天啟文學的特質。

作為文學表達的形式和技巧，天啟文學作品的內容並不是描述實在的景象，更不是預測將來，而是以對比和突顯的手法，繪畫立體的圖象和憧憬，其目的乃在於提醒讀者，並向他們提出保證。通過這些圖象式的表達，天啟文學作品啟迪讀者，使他們在混亂和沮喪的處境中，仍能看見、體會和認信上帝是掌管歷史的主宰。天啟文學作品幫助讀者相信，無論環境如何惡劣，上帝仍然帶領歷史。上帝的工作、價值和計劃，往往是世人所不能明白和參透的。儘管在歷史的舞台上有千般的荒謬和苦痛，上帝仍然顧念，甚至介入。

由此引申的結論是清晰和有力的：在困境中等候的上帝子民必須儆醒。然而，我們不禁問，是怎樣的背景促使這些作品形成？甚麼時代需要這樣的信息？而這些信息於我們今天的生活又是否有所對應和具有意義？

當虛假的安全感成為人們生命的倚靠，當羣眾趨之若鶩地追逐生命的贗品，當人們滿足於自我的成就和力量，當人們認為一己的旨趣和議程就是生命的全部，這樣的世代和處境必須知道主將要降臨，身處這樣的世代的人必須聽「主的日子」的信息。他們必須要儆醒禱告，使他們的目光不因眼前的安逸而昏花。他們必須因著主將臨這信息，重新檢視生命的次序和內涵。他們必須因著「主的日子」給他們的提醒，洞悉身處環境的真正景況。

在一世紀的巴勒斯坦，有些人，也許只是少數的人，他們滿足於耶路撒冷那時的狀況，並那因之而來的機會和繁榮，忘記了作為上帝子民應有的視野和生命，忽略了那些上帝所看重的、饑餓和苦痛的民眾。對他們來說，沒有所謂的將來，更沒有主將臨的盼望。他們的將來在自己手裏。他們的將來在妥協和一己的計劃、籌算和議程裏。在一個春天的日子裏，當耶路撒冷的聖殿因反射太陽的光線而顯得金輝閃爍、驕傲自得的時候，耶穌說：「你看見這大殿宇麼？將來在這裏沒有一塊石頭留在石頭上，不被拆毀了。」(可十三2) 接著，耶穌向這個城市宣講主的日子和主將臨的講論。

然而，我們還是要問，是怎樣的背景促使這些作品形成？甚麼時代需要這樣的信息？

當處境窘困，舉步維艱，生命裏可以描述的就只有苦痛和淚水，當邪惡、不公義、憎恨、惡毒、戰爭張狂地蹂蹦眾生的時候，我們必須要相信主要降臨，我們必須要聽「主的日子」的信息。我們必須要儆醒禱告，使我們的目光不至被苦難遮蔽，我們的心不被困難所消化。我們必須因著主將臨的信息，不讓當下的難處和困局，論斷、決定，甚至控訴我們的生命。我們必須因著主的日子的提醒，洞見主在工作的痕迹。

也許是在一世紀中後期的時候，馬可在羅馬市裏見證基督徒被逼迫。他也聽聞耶路撒冷被羅馬人攻陷，聖殿被毀，逃避苦難的人四處流竄。不僅如此，就是帝國的多處都因為爭權而危機四起。許多人在這樣的困境裏感到艱苦異常，他們的遠象和憧憬已經漸漸模糊，他們的信心和力量消化，他們的生命萎縮不振。他們忘記了禱告，也不知怎樣禱告。馬可想起了耶穌的講論，寫下了他的福音。馬可希望他的讀者可以再一次聽到主將臨的應許，馬可邀請他的讀者再一次仰望主的日子。

不論是哪一種情況，是自以為安穩妥當，抑或是自憐屈委，上帝總是被遺忘的。上帝被擠出人的生命之外。我們只著眼自己的情況或處境，或以為已經山窮水盡，或以為只有自己的方法和方式才能處理一切的事情。我們以為財政是一切事物和社會的惟一準繩，於是一切都環繞著這些數字團團轉。為了開源，我們可以將連我們自己也相信將會造成社會和家庭問題的事情合理化。為了節流，我們可以忽略有需要但卻無助的人。在國際上，人以為擁有最強大的武力就是最安全，甚至相信報復是討回公道的方法，卻不知道只會造成更多的仇恨和傷痕，延續暴力的循環。

不論我們身處的是哪一種情況，我們還是要聽主將臨的信息，要知道主的日子。無論是哪一種情況，我們還是要注意經文裏一再出現的謹慎和儆醒禱告。在將臨期的第一主日，我們在等候。我們要以謹慎和儆醒禱告的態度等候。

耶穌說：「我對你們所說的話，也是對眾人說：要儆醒！」

反璞歸真

路加福音一章26至38節

聖誕崇拜

馬利亞，不要怕！你在上帝面前已經蒙恩了。你要懷孕生子，可以給他起名叫耶穌……

你有想過「聖誕的意義」嗎？無疑，這是一道簡單的問題，一道太簡單的問題。不要説在教會聚會已經有一段日子的基督徒，就算極少、甚至沒有到教會聚集的朋友，恐怕也能就聖誕節説出一些意義來。事實上，當我在問的時候，也許你腦海裏已經浮出了不少的答案：聖誕節是愛心、分享、和平……

這些都是合宜的答案。在聖誕節裏，我們強調的確實是愛心、分享與和平。然而，你曾否想過，每年聖誕節的焦點總是一個小嬰孩，一個名叫耶穌、以內馬利——「上帝與我們同在」——的嬰孩？在愛、和平、分享之先，竟是一個小嬰孩。聖誕節的意義繫於一個細小、無助、脆弱、無能的嬰孩身上？究竟聖誕節的意義何在？

對今天的人來説，這可能是蠻費解的。我們不太明白這個小嬰孩所帶來的意義，因為嬰孩在我們今天社會所象徵和具備的意義，與往昔遠古時候是頗有差別的。只要你看看推銷嬰孩用品的廣告，就知道嬰孩在我們今天生活裏的位置和重要性。事實上，在香港這樣一個城市裏，嬰孩並不一定是脆弱無助、細小無能或邊緣的。反過來説，嬰孩往往是我們生活的中心，是將來和力量的象徵。

但在二千年前的古舊社會裏，誕生和育養嬰孩並不像今天般浪漫。一個嬰孩的誕生，往往是艱難、甚至危險的。在饑荒、窮困、戰亂的環境裏，生產和育養嬰孩並不是理所當然的。在我們生活的時空裏，教父母親費煞思量的，可能是選用哪個牌子的奶粉，好使嬰孩年少就能嶄露頭角。父母更會為小孩子是否獲分派入理想的小學而操心，為交怎樣的朋友而擔心。在遠古的時代，父母親只憂心小孩子能不能活下來，能不能成長。換句話説，聖誕節的那一個晚上的中心，原來是一個細小、無助、脆弱、無能的嬰孩。聖誕節的焦點，竟是一個無權無能的少女所生的弱小嬰孩。究竟聖誕所要表達的信息是甚麼？聖誕節的意義又何在？

我想，每當我們在聖誕節聚集和崇拜的時候，假如能不為其他炫目的光芒所影響，定睛和聚焦在一個小嬰孩的時候，我們就能陡然醒悟，上帝竟也成為一個細小、無助、脆弱、無能的嬰孩。在這樣的一個小嬰孩面前，我們驚訝於上帝自己也學習信靠、忍耐和盼望。

我們知道沒有比小嬰孩更需要學習信靠和等候的。如果連上帝也成了無助的小嬰孩，我們該如何自處？我想我們當像小嬰孩一樣，學習相信、交託、信靠和等候。但具備經驗、學問和見識的我們，要學像小孩子是何等艱難的事！我們年事愈長、見聞愈多，愈難學像小孩子般相信和倚靠。我們相信和靠賴的，往往是我們的能力、計劃、方法和部署。我們相信自己多於相信上帝。但當我們在聖誕節裏認真思想的時候，會看見聖誕節的焦點中心是一個弱小的嬰孩，躺在無助的馬利亞的懷抱裏。祂沒有計劃、沒有能力。祂只能信靠、忍耐和盼望。

不能相信和盼望的人只會相信自己的計劃和能力。但仰仗自己能力和計劃，不願意或忘記相信倚靠的人，每當自己計劃不奏效、或能力不逮的時候，總是不能接納自己，甚至會與自己和四周的人過不去。

在一個星期六的早上，師母和我在讀報紙。大概因為近日城裏甚多家庭不快事件，師母說：「你們男人真是的，在事業上碰到難阻就傷害自己和別人。」我回應道：「那不一定，就以我們來說，如果你全力在外工作，我也很樂意待在家裏。料理家務、寫寫書、看看書，那一定是件快事。」過了一會兒，我不禁自忖，假如我有一天真的要待在家裏，不僅是待在家裏，而是無助、脆弱、無能地待在家裏，我又會怎樣呢？當我的能力和計劃不再是我的依靠，我將如何像小孩子般在無能、無助、倚仗和脆弱的處境下生活？別人會怎樣看待我？我自己又會如何看待自己？

我當然不能想得太遠。這不是說這種情況不可能發生，只是它的假設性讓我感到有點兒模糊。然而，我不能想像是一回事，但耶穌倒是曾經說過，進天國的人要學像小孩子的樣式。有人曾說：「基督教信仰的核心是反璞歸真的故事。我們必須要回轉成小孩子的樣式——細小、無助、脆弱、無能，重新學習相信、倚靠和等候。」也許馬利亞和小嬰孩耶穌最能顯出聖誕節反璞歸真的信息。

然而，聖誕節所表現的，不僅是一種修身、或個人與上帝的關係的生命形態。不錯，我們承認自己微小、脆弱、無助、倚靠。但我們又如何看待當下四周那些細小、無助、脆弱、無能、一無所倚的鄰舍和朋友？耶穌說我們要回轉成小孩子的樣式才能進入天國，這是不是在更新我們的目光的同時，也同時邀請我們想想怎樣看待脆弱無助的鄰舍？畢竟，我們的主不也是無助、無能、脆弱地被釘在十字架上嗎？我們怎樣看待這位被剝奪尊嚴、無能的主？我們怎樣看待那些無助、脆弱的鄰舍？

盧雲 (Henri Nouwen) 晚年在加拿大的一個智障院舍裏事奉。在《回家》的訪問裏，盧雲向來訪者指著一位全院舍裏智障程度最嚴重的年青人說：「他是全院的中心。院裏的生活都是環繞他而進行，他是院裏的核心，是我們看到基督的所在。」起初看的時候我還是不太明白盧雲的意思。我總以為，院舍的中心不應該是院長嗎？不應該是那曾先後任教於聖母院大學、耶魯大學和哈佛大學的盧雲嗎？怎麼會是這個智障最嚴重的年青人呢？盧雲後來的解釋使我恍然大悟：「他〔智障的年青人〕是我們生活的中心，我們是環繞他而生活的。看著他，服事他，我們必須非常的同心和謙卑。只要我們有任何的嫉妒、惡毒、爭競，都會在他身上顯現出來。他活得喜樂和健康，那我們也在成長。但如果他在憂慟苦痛中，我們的生命極可能是出了問題……」

這僅僅是盧雲在智障院舍裏的經驗嗎？在我們家庭裏，那脆弱、無助的孩子或長者們，是不是也反映我們生命？在我們的教會裏，不起眼的肢體的信仰生命，是不是也見證我們教會的信仰有多真實？學校裏趕不上的學生，是不是也反映我們教育方向和價值的問題？我們社會裏的邊緣和無助者，是不是反映我們的社會的遠象？

在聖誕節的崇拜裏，你有想過「聖誕的意義」嗎？無疑，這是一道簡單的問題，一道太簡單的問題。但每當我們把注意力集中在這個小嬰孩身上，讓我們記起，上帝成了一個無助和脆弱的小嬰孩。看著這個小嬰孩，我們聽到「回轉成小孩子的樣式」的呼喚。看著這個小嬰孩，我們也許同時記得，這個小嬰孩長大後公開傳講和活出上帝的心意。在祂地上的生命，特別是最後的幾個小時裏，祂無疑是無助、無能和脆弱的。看著這個小嬰孩，思想祂的生命，我們甚至聽到祂的聲音：「作在我這弟兄中一個最小的身上，就是作在我身上了。」(太二十五40)

回應〈反璞歸真〉

鄧紹光 香港浸信會神學院基督教思想
(神學與文化)教授

按照教會年曆，將臨期結束之後就是聖誕節。在紛亂、困苦的世界中，我們等待那將要臨到的究竟是誰?真的是那位細小、無助、脆弱、無能的嬰孩嗎?怎會如此?上帝的陌生性一再叫我們驚訝，祂一再糾正我們習以為常的上帝觀。上帝不單可以細小、無助、脆弱、無能，祂更是我們所測不透的。

上帝以這樣的方式臨到這個世界，要怎樣幫助我們?這實在是吊詭的。細小、無助、脆弱、無能的嬰孩，可以怎樣幫助我們呢?當這個世界認定只有強者才是能力的根源，我們怎樣可以從這個細小、無助、脆弱、無能的嬰孩得幫助呢?「無能者的大能」，這是甚麼意思?

無能者最終要被殺害，被殺害的無能者可以怎樣幫助我們?祂讓我們看見責任。祂讓我們看見不可殺人、守護鄰舍的責任。祂要求我們履行這一責任惟一的方式，就是「回轉成為小孩子的樣式」。祂成了我們轉化自己生命的契機:在細小、無助、脆弱、無能的嬰孩面前，我們得回轉成為小孩子的樣式。

嬰孩的陌生性使得我們必須放棄能力、計劃、方法和部署，而只能單單回應。我們只能單單待在那裏守望、等候、回應。然後，我們的生命就得幫助。我們步出了成人計算、猶豫、反復的世界，轉入小孩子簡單、直接、信靠的樣式中。生命的回轉，就是我們所得的幫助；沒有回轉，一切在將臨期中的等待、盼望，都是虛妄的、白費的。而我們等候、盼望的，也只是回轉。

興起發光

以賽亞書六十章1至6節
顯現主日

興起，發光！因為你的光已經來到！耶和華的榮耀發現照耀你。看哪，黑暗遮蓋大地，幽暗遮蓋萬民，耶和華卻要顯現照耀你；他的榮耀要現在你身上。

在平安夜的晚上，我們在路加福音裏看見那些在野地的牧羊人。我們心裏不禁問，像他們這樣，究竟憑甚麼可以宣告「大喜的訊息」，也就是救主耶穌降生的好消息？在當時的社會裏，牧羊人的地位低微。他們的工作被人厭惡、身分遭人蔑視。試問這些牧羊人又怎能負起這個傳福音報喜訊的責任呢？

在顯現節主日的早上，當我們讀以賽亞書六十章1至6節的時候，同樣的疑問浮現在我們心中：猶太人憑甚麼可以「興起發光」？猶太人在公元前六世紀的時候已是巴比倫人手下敗將，不少貴冑賢達被擄至巴比倫。雖說半個多世紀後波斯人崛起，取代巴比倫人的勢力，並讓猶太人歸回耶路撒冷，甚至重建聖殿。但猶太人畢竟只是仰人鼻息的小民族，擁有的只是一片貧脊的山地而已。究竟一個小小的殖民地憑甚麼「興起發光」？

然而，經文所發出的聲音，卻是如此確定和清晰：「興起，發光！」

也許猶太人心裏這麼想：「我們怎能興起發光呢？我們不過是仰人鼻息的小民而已。要神氣發光也可以，那必得等到我們有比較好的環境和成就才像樣吧？至少讓我們修好聖殿，把它弄得宏偉巍峨，再鋪上金箔或甚麼的，那才是興起發光的時候。」

我們彷彿聽到猶太人的囉唆呢喃，因為我們的心也有這樣的困惑和疑問：「不錯，這是聖誕節後的主日，是『顯現主日』(Epiphany Sunday)，是我們宣認主已經顯現和照耀世界，繼而立志發光照耀的主日。然而，我們又如何可以興起發光呢？承接過去幾年經濟和政治的跌撞和不振，新年還過了不到一個星期，我們已經聽了不少有關今年失業率將會再攀升等等的消息。我們又有甚麼把握條件可以興起發光？」

我們想，能發光的至少得是一顆「星」吧？一顆閃亮照耀的星應該有惹人欣羨的成就、業績、叫座力等等。像牧羊人這樣低下，像猶太人這樣的小民，像我們這樣自顧不暇，試問如何可以興起發光？我們會禱告說：「如果我們的環境好一點兒，我們就能興起發光了。」

「看哪，黑暗遮蓋大地，幽暗遮蓋萬民。」可我們的主並不是不知道黑暗的主。主的呼喚並不是無視實況的純浪漫呼喚，甚或天真的口號，也不是訴諸我們意志的「積極思想」(positive thinking)。主也希望我們不會忽略黑暗或掉以輕心，但儘管黑暗遮蓋大地，主仍然要求祂的子民興起發光。

如果不是出於我們的意志和思想，到底甚麼可以叫我們興起發光？

「耶和華卻要顯現照耀你；他的榮耀要現在你身上。」這是我們能興起發光的惟一原因。是主的光照耀我們，讓我們可以興起發光。不是我們過去曾經作了甚麼，不是我們現在或將來可能作些甚麼。我們之所以能興起發光，是因為主照耀我們。更具體地說，是天父在基督耶穌裏照耀我們，使我也可以發光。就如約翰和保羅分別在他們作品裏所表述的：

> 道成了肉身，住在我們中間，充充滿滿的有真理。我們也見過他的榮光，正是父獨生子的榮光。(約一14)
>
> 你們顯在這世代中，好像明光照耀，將生命之道表明出來。(腓二15～16)

誠然，主的光顯照在不同的處境或不同的人身上，也許會有不同的程度果效。但不論背景和際遇，我們每個人還是反映著主的光芒的。在六〇年代的美國，黑人還在黑暗的遮蓋之下。整個社會的結構，從教育和經濟，一直到最基本的衣、食、住和行，都讓黑人生活在黑暗之下。這些黑人連生活的尊嚴也受威脅，又如何奢談興起發光？但民權領袖馬丁．路德．金(Martin Luther King)曾引用馬洛克(Douglas Mallock)的一番話勉勵他的同胞：[1]

> 無論你作甚麼，盡力作好。就算你不能找到一份稱心或高尚的職業，你還是要將你的工作做好。就好像某大學校長曾說：「一個人應該作好他的工，甚至好到一個前無古人，後無來者的程度。

> 如果你是清潔街道的，你要像米開蘭基羅(文藝復興時的畫家、雕塑家)寫畫一樣清理街道，要像莎士比亞寫詩作劇一樣，要像貝多芬作曲一樣。你打掃街道到一個地步，就連天上的天軍也會停下來說：『這裏住了一個了不起的清道夫。』」有人曾說：「如果你不能當山頂上的松樹，那就作山谷裏的灌木叢，但你得是最好的灌木叢。如果你不是擔起運送和紓解交通重責的高速公路，那就當蜿蜒山中的小徑。如果你不是太陽，就當一顆小星。重要的不是你有多成功、多重要，是你有沒有忠心全意地工作。

我們按著主賜給我們的恩賜發揮，這不僅僅是個人生命或事奉的視野，也是教會羣體生活的目標。教會之吸引人，其實不在於建築物是否宏偉、或音樂是否動聽，甚至宣講是否有效；教會之所以吸引人、能留住人，往往在於教會的羣體是否有生命力，一股能感染人、讓人有所體悟和感受的力量。

在開始的時候我曾提到平安夜在曠野裏的牧羊人。我常想，在平安夜翌日的清晨，他們會有甚麼改變嗎？我們當然不會想牧羊人會搖身一變，成為羊毛供應代理商，或羊奶飲食品代言人。但我們可以相信他們必定會「興起發光」。他們的工作仍然惹人討厭，他們的身分還是在社會的底層，但周遭的人一定可以感覺到他們的分別。四周的人一定可以因為他們面上的神采，感受他們的光芒。也許從那天起，四周的人會說：「在伯利恆的野地裏，有一羣很不一樣的牧羊人……」

在我事奉的神學院裏，有一位老師是業餘的畫家，他教導我許多關於寫畫和欣賞畫的知識。一天我們談起以畫聖經故事人物稱著的十七世紀荷蘭畫家林布蘭特(Harmensz van Rijn Rambrandt，有興趣的兄姊可以按以下網址，瀏瀆網上博物館，看看他的畫：www.ibiblio.org/wm/paint/auth/rambrandt/)。他告訴我，林布蘭特畫裏所有的人物，都是從街上找回來的。他們可能是普通不過的人，甚至可能是市井之徒。但一經林布蘭特畫在畫布上，這些人物就成了歷史裏的光芒，吸引許多人觀賞。我心裏在想，這不也是主在我們身上的工作嗎？也許我們不致於在街上流浪，但我們裏面的生命未必一定就勝過市井之徒。然而，主把我們畫在祂的畫布上，竟成了祂的藝術品的一部分。不錯，我們中間有人是在顯著的地方，發放比較多的光芒。儘管我們不全在顯著的地方，我們仍可整體一起發放光芒，發放著主的光芒，吸引許多人來到主的面前。

註釋：

1 "Facing the Challenge of A New Year"，引自Martin Luther King, Jr. *I Have a Dream: Writings and Speeches that Changed the World* (CA: Harper SanFrancisco, 1986), p.21。

回應〈興起發光〉

羅慶才　牛池灣竹園潮語浸信會主任牧師

很欣賞孫牧師以經課為主日宣講經緯的嘗試，因為經課是以耶穌基督在世時的事蹟為骨幹，教導信徒以祂的一生為核心來讀經，所以對信徒來說是很好的屬靈的操練。這傳統值得在教會中推廣。

孫牧師的講道一向以簡短有力見稱，這篇道也不例外。這篇講於「顯現主日」的講章，以「我們又有甚麼條件可以興起發光？」這問題開始，把經文與信徒的現實處境緊扣在一起。講道中沒有很多繁複的釋經，卻能清楚地讓聽眾知道經文的中心所在，且能一氣呵成地讓會眾知道經文對他們所要求的是甚麼。讀這篇講道，感覺不到語調中有激動或煽情之處，卻感覺到在沉實中仍帶著力量。

在另一方面，若孫牧師能更詳細一點解釋經文本身的內容的話，對會眾當然會更有幫助。經文中所提的「耶和華的榮耀」，除了是「光」以外，還有何意義？「光」在這段經文中，應該是一個隱喻的喻體，它要表達甚麼意義呢？此外，「顯現主日」的意義何在？講道中沒有清楚的解釋，在一系列以經課為基礎的宣講中，似乎是美中不足之處。如果能有所說明，應該能加強經課所選經文的影響力的。

講道最重要的是讓會眾知道經文在現實中的意義，能夠體會神的道是活潑長存的，而這一點，孫牧師做到了。

你們來看

約翰福音一章29至42節
顯現後第二主日

耶穌說：「你們來看。」他們就去看他在哪裏住，這一天便與他同住……

你曾否回想過去的生活，看看自己是怎樣走過來的？你曾否回憶小時候你是怎樣成長的？就如從小學、中學、大學、工作……當然，更成熟或年長的兄姊除了回首自己的足迹，甚至可能回顧自己的小孩子，小孩子的小孩子怎樣走過來。

去年某天在家裏執拾時，發現了一大疊舊信件，還有一本一本的相簿。當整理這些信件、翻著這些舊相簿的時候，讀到朋友和弟兄姊妹藉信件傳遞給我的關愛和支持，看著照片裏的我、同學和友人，再想想今天，我總禁不住問，自己是怎樣走過來的呢？特別是在某些轉折點或重要的關頭，也許是學業的、事奉的、工作的、事業的、感情的、家庭的，在那些日子裏，總是被一些事情所左右。

一眨眼過了這許多的日子，實在不太知道自己怎樣走過來。當然，說不知道自己怎樣走過來的意思，是在那當兒並不全然掌握一切，也不知道自己的決定有甚麼後果和影響。所以，當回頭一看，不禁自問：「這是怎麼一回事，我竟然也走過來了。」

你知道嗎？如果你肯細心聽聽、著意看看你過去的路徑和足迹，你會發覺原來你的信仰歷程也有相同情況。還記得你當初是怎樣認識和相信主耶穌、怎樣成長的嗎？當然，我知道在座有弟兄姊妹是從小就上教會的。對你們而言，要確切地說出自己在哪一天、如何信主委實不是易事。對於另外一些弟兄姊妹而言，某年某日某人邀請你參加某個講員帶領的某個聚會，某天某次的經驗等等，都在你生命裏留下了烙印。

然而，無論你是自小就上教會不是，你都可以回頭看看過去的足印。而當你能駐足細看你過去的足迹，我相信你會驚訝地說：「這是怎麼一回事，我竟也走過來了。」換言之，當你信主的一刻、或信仰經歷考驗的一刻，你未必能了解信仰的全部，更遑論是全然了解主耶穌了。甚至前面的路究竟怎樣，你所知亦不多，你更不能想像自己會怎樣面對。可是驀然回首，你驚訝自己竟走過來了。而今天早上，你就坐這兒崇拜主。

也許不僅僅是我們，就是早期的門徒也必定有這樣的體會。比方在約翰福音一章29至42節裏，我們可見，耶穌最早的門徒在開始跟從耶穌時，並不一定很了解信仰的意義，更不要說掌握前面的道路。事實上，若我們仔細品味，便會發覺耶穌和門徒間的對話是蠻有趣的（約一35～39）。

施浸約翰告訴當時還是他學生的安得烈和另一位門徒，耶穌就是「上帝的羔羊」；他們也就馬上跟從了耶穌。然而，他們知道「上帝的羔羊」的意思嗎？不錯，施浸約翰早前就曾說過「上帝的羔羊，除去世人罪孽的」(約一29)，但他們懂嗎？

當耶穌看見他們正跟在自己背後，便問他們：「你們在尋找甚麼？」他們回答「上帝的羔羊」道：「先生，您府上在哪兒？」我想這是聖經裏其中一段最滑稽的對話。研究聖經的人指出，耶穌所說的「尋找」在猶太文化裏有深邃的含義，只等待這兩位門徒的回應而已。所以，我們期望這兩位門徒能像那少年官，跑到耶穌跟前說：「夫子，我當作甚麼才可以得永生？」也許至少得像尼哥底母般向耶穌查詢重生之道。可他們只能找這麼一句話來填塞：「先生，您府上在哪兒？」

耶穌的回答也妙：「你們來看。」他們也「就去看他在哪裏住」。根據約翰福音的記載，從那天起，他們就與耶穌一起。換言之，他們開始正式跟從耶穌。我常想，究竟他們看到甚麼，以致他們決定要跟從耶穌呢？是華麗的房子嗎？不太可能。耶穌不過出身自木匠家庭。再說，他們在約旦河邊相遇，距離耶穌的家鄉有好一段距離，再吸引人的地方也不過是別人的。究竟他們看到甚麼，以致他們決定要跟從耶穌呢？是動人的場面和羣眾擠擁的懾人氣勢嗎？至此，耶穌還只是單槍匹馬而已。究竟他們看到甚麼，以致他們決定要跟從耶穌呢？沒有一個解經家願意揣測。但我們可以相信他們對耶穌基督和信仰的了解比剛開始的時候好一些，但恐怕也只是一知半解。

不錯，安得烈向他的兄長彼得說：「我們遇見彌賽亞〔基督〕了。」(約一41) 而腓力也向著拿但業說：「就是律法上所寫的，和眾先知所記的那位。」(約一45) 但下一次我們再次在約翰福音看見安得烈和腓力的時候，已是第六章(約六3～9)。

面對數千的羣眾，這些耶穌的跟從者卻埋怨只有五個餅兩條魚：「分給這許多人還算甚麼呢？」(六8) 到底安得烈和腓力相信多少？認識多少？「上帝的羔羊」、「彌賽亞」、「摩西和眾先知所說的那一位」，究竟他們相信多少？知道多少？認識多少？

我們可以想像，在差不多兩千年前，如果安得烈和腓力有機會讀讀或聽聽約翰福音，就好像我們看看照片簿一樣，他們必定覺得有趣，繼而驚訝地說：「我竟走過來了。」

其實不僅僅是安得烈、腓力、彼得，我們何嘗不是如此？回頭一看，我們會猛然發覺，我們對信仰的認識是如此不足，我們的信心是如此微小。我們不禁自問，究竟我們是怎樣走過來的？從聖經人物和曾接觸的生命(包括自己)裏，我體會一個功課：重要的不僅是一個人是否信和怎樣信，更重要的是他怎樣在信仰和生命裏成長。

我想不同的人信主的原委都不一樣。有些人自小就上教會，信主是自然不過的事；也有些人經驗人生許多的風浪創傷，歷盡顛沛流離後才認識主；也有人因經歷主的醫治而信主；甚至可能還有其他種種動機。我總覺得每當一個人肯在上帝面前禱告認罪，這樣的信都是珍貴的，我們不必亦不應比較哪種動機和因由較好。

事實上，無論你信主的經歷是何等的神奇、特別或感人，你還得在信仰的路上成長。如果我們當了幾十年基督徒，我們能講的還只是幾十年前的見證和經歷，就如多年前因感情受創而經歷主、身體罹疾而經歷主、或考試受挫敗經驗主等等，總有一天我們會發現這些經驗並不能盛載我們的生命。所以，儘管我們信主的經歷平平無奇，我們也不必求甚麼難忘和刻骨銘心的經歷，重要的是我們生命的成長。

我曾與一位信主多年的同工聊天，請他對比以前和現在的信仰體會。他說十多二十年前信主是因為上帝願意無條件地接納和愛他這樣一個不可愛的人。如今他卻看見上帝不單接納和愛他，同樣也愛其他人和萬物。我想他多年前的信仰經歷是真確無偽的，但如果他只停留在那兒，信仰也只僅是心理治療或自我形像重建而已。當年耶穌對他說：「你來看。」他只能看見自己而已，若他沒有在信仰上成長，他所看見的主耶穌也僅是一位體貼、滿足一己的主，而不是一位掌管我們生命的主宰、愛憐全地和所有人的主。

就如今早經文裏的門徒，他在約旦河旁遇見了主，主對他和同伴說：「你們來看。」他們看見甚麼呢？在約翰福音六章後，我們在十二章再次看見安得烈和腓力，這一次他們是將人帶到耶穌的面前(約十二20～22)。以後的安得烈又如何呢？聖經並沒有太多有關的資料。但在教會的傳統裏，卻傳頌安得烈在小亞細亞(今日的土耳其)一帶傳道，甚至遠至俄羅斯的基輔(Kiev，即今日的烏克蘭)。最後殉道在十架上(saltire cross)。甚至在死後(十二世紀，公元一一六二年)，他的影響還遠至蘇格蘭，也奠立了「聖安德烈市」(St. Andrews)的基礎。直到今天，聽說在蘇格蘭的長老教會裏，講台後總有一塊銅牌，上面寫著：「先生，我們願意見耶穌。」(約十二21)

我想，如果安得烈、腓力、或者任何一位門徒回首自己的足迹，必定會驚訝地說：「這是甚麼一回事，我竟走過來了？」如果他們能回想在約旦河邊耶穌向他們說：「你們來看。」他們會憶起自己曾看見甚麼？

如果我們今早在崇拜時再一次回憶耶穌對我們說：「你們來看。」我們會憶起自己曾看見甚麼嗎？我想我惟一能確定的，是我看見一位不因為我信心不足、視野模糊、一知半解、動機不純而嫌棄我的主耶穌。我惟一可以清楚看見的是這一位主，就好像保羅說：「我們縱然失信，他仍然是可信的，因為他不能背乎自己。」(提後二13)

回應〈你們來看〉

張略　中國神學研究院副院長，周永健教席教授（聖經科）

「你們來看」（約一39）是耶穌向約翰的兩位門徒所發出的挑戰，也是不斷向我們所提出的挑戰。我們所看見的耶穌，是一位怎樣的主呢？我們對主的體驗和認識，是否停滯不前？或正如講者所言，只是停留於往昔某件刻骨銘心的經歷，而忽略了主要不停的開我們的眼界、擴闊我們的視野？我們曾見過些甚麼？耶穌還要我們看些甚麼？我們是否好像當時那些熱心的希臘人一樣，有「我們願意見耶穌」（約十二21）的心靈渴求？那些曾看見的人成為了引介者：腓力和安得烈成為了希臘人的引見者（約十二22）；腓力向拿但業提出「你來看」（約一46）的挑戰。別人需要見到的，不是我們，是那榮耀的主，我們又有否這樣做呢？

事實上，我們所見的何等有限，有些時候我們甚至是瞎了眼的，自以為能看見或已經看見，其實卻是還沒有看見（約九41）。有些時候我們想要看的，根本不是我們應該看的，就好像彼得看見耶穌所愛的那門徒，要與他比較，好奇地想知道這人將來的命運如何（約二十一20～21）。安得烈之所以看見，是因為耶穌看見了他（約一38）；拿但業之所以看見，是因為耶穌看見了他（約一47～48）。耶穌明白他們，了解他們。「我們看見，是因為耶穌先看見了我們」，這位愛我們的主，是一位注視我們、明白我們、了解我們的主。

回應〈你們來看〉

吳鴻青　北角浸信會會友

我同意及喜歡孫牧師在講道裏的一句話：「重要的不僅是一個人是否信主和怎樣信主，更重要的是他怎樣在信仰和生命裏成長。」我喜歡，因為確有不少信徒及教會忽略了下半句；我同意，乃因自己及周遭朋友的境況與此相符。

我認識不少曾返教會、對信仰有所認識的朋友，曾相信以至委身的也不少，但不知怎的，他們後來卻又離開教會、離開信仰。我想其中最大的原因是「當初的信仰」並沒有更新、成長，再不能承托複雜的生活及人生。回想自己信仰之路，起初決志時那單純而堅定的信心、震撼的經歷，在面對多元的世界觀、複雜的人生旅程、自我的軟弱，以及友伴離開信仰時，同樣亦顯得不堪一擊，需要在不斷拆毀與重建、跌倒與爬起中，才可處理過程中的信仰掙扎與危機。

孫牧師在講道中勾起我對個人信仰旅程的回憶，當中包括不少的無奈以至傷感、軟弱，不信以至跌倒，但我亦感恩，今天自己竟仍活在上帝中，坐在教會的禮堂內一起崇拜。孫牧師的宣講也帶給我認同、安慰和鼓勵，提醒了我：初代門徒即使在跟隨耶穌後亦曾如此不濟，但他們最終卻又踏上了為主殉道之途。

誠然，無論信徒信主多久，都要不斷努力接受上帝「你們來看」的挑戰，使信仰不斷更新成長。但我又沉思，究竟在這「不斷努力接受」當中，有多少是靠我們自己的努力與付出？又有多少如講道內最後一句所言，仰賴「主開我們的眼」？

聽罷講道，好像對上帝的恩典多了一點體會及了解。

天國藍圖

馬太福音五章1至16節；彌迦書六章1至8節
顯現後第四主日

耶穌看見這許多的人，就上了山，既已坐下，門徒到他跟前來。他就開口教訓他們說……

對於規劃和設計的人而言，藍圖是極其重要的。對於在外旅遊的人來說，地圖是不可少的。而生命的藍圖，更是每個人所不能缺少的。事實上，許多人循不同的途徑尋找生命的藍圖，一幅能指向豐盛、完滿和蒙福的生命藍圖。每當你到書局的時候，你總會看見書架上儘是形形色色的「藍圖／地圖書」(map books)。從理財、家務、教育兒女、考試，甚至治理教會和屬靈生活等等，都有種種不同的藍圖。

其實尋找生命藍圖並不分中外古今。在遠古的時候，以色列人在曠野流浪，希望能尋得生命的藍圖，一幅能指向完滿、平安生活的藍圖。當摩西在西奈山從上帝那裏領受法典以後，以色列人得到了律法的指引、生命的藍圖。

好多個世紀後，也就是在公元的時候，以色列人在巴勒斯坦，受制於異族羅馬人的統治，冀望得到能使他們生命豐盛的藍圖。所以，當耶穌在山上宣示「律法」的時候，每一個敬虔的猶太人都會憶記起那在西奈山頒佈律法的摩西。然而，耶穌和摩西間有根本的分別。摩西是從上帝領受律法，再授予以色列人，而耶穌卻是直接地宣告律法。事實上，在馬太福音五章至七章裏，耶穌曾多次說「你們聽見古人說，只是我告訴你們……」，而五章17節的「我來不是要廢掉律法，乃是要成全律法」更顯示了耶穌確實在摩西之上。

然而，耶穌所頒佈的天國藍圖是超過人所能理解的。耶穌當時的猶太人固然不能理解耶穌怎能自比、甚至超越摩西，就是耶穌所宣示的律法，其內容也讓人覺得匪夷所思，難以實踐。耶穌所講的，怎會是飽受壓迫之人的藍圖呢？「有人打你的右臉，連左臉也轉過來由他打」，「有人想要告你，要拿你的裏衣，連外衣也由他拿去」，「有人強逼你走一里路，你就同他走二里」。這些教訓行得通嗎？是已經受壓的人的藍圖嗎？這些人又怎會是「有福」的呢？有福的應該是那些騎在健碩的駿馬上有權有勢的在位者，而不是耶穌所講的那些人。

事實上，不僅環繞著耶穌的羣眾感到困惑，就是我們也感到耶穌的教訓難以理解。據研究的人統計，自古至今在基督教兩千年來的歷史裏，疏解馬太福音山上寶訓的解釋，共超過三十多種。這就清楚說明了耶穌所宣示的藍圖確是難以理解。

然而，要了解耶穌的藍圖，必先要明白「福」的意義。聖經裏的福是指為上帝所愛。新約裏共有四十四次提及福，大多數見於馬太福音和路加福音。舊約裏的福，多見於詩篇和智慧文學。耶穌所說的「有福」，是指蒙上帝喜悅的人。換言之，聖經裏的「有福」是從上帝的角度看，而非從人的角度講。若然如此，我們必須問問上帝眼裏的「福氣」對我們的生活是否有實際的意義。如果上帝所認定的「福」與我們毫無關係，它也不過是烏托邦而已。另一方面，如果「福」是指最強的軍備、最多的票數、最強的背景、最雄厚的實力的話，那麼耶穌的講論亦不過是亂世裏的夢囈。

究竟誰是「有福的人」呢？是富有的？有權勢的？但只要回想去年九月中旬的事件（九一一事件），我們就未必同意「最強、最富有的就是最有福」的講法。事實上，只要我們的世界一日還是由這種價值觀所左右，我們便不能想像我們的下一代會處於一個怎樣的世界。如果最強和最富有就等同福氣，我們實在不能為無止境的武器軍備競爭憂慮甚麼，因為這是必然的趨勢。假如富有和權勢就是福氣，我們甚至也不必為社會裏各種的詭詐和貪污而憤慨，因為這是無可避免的結果。事實上，如果這就是福氣的定義，我們就必須要接受未來的社會和世界將會每況愈下。

與此同時，儘管耶穌所宣示的藍圖表面看來是如此不切實際，但它卻在人類歷史裏留下不能磨滅的影響。在十八世紀，一個十九歲的英國青年人，被人強迫徵召作海軍。他嘗試逃役卻被找回，慘遭毒打。及後他成為一個船長，從事當時最能圖利的買賣——販賣奴隸。如果當時有人向他提及上帝，他必定嗤之以鼻。因為如果真的有一位上帝，為甚麼要他經歷這一切？權和財的「福」當前，他並不相信上帝。然而，在一次遇險之後，他成為了基督徒。他體會到自己以往所作的一切猶如是瞎眼者的所為。他寫下了一首詩：「奇異恩典，何等甘甜，我罪已得赦免。前我失喪，今被尋回，瞎眼今得看見。」紐頓（John Newton）這首詩《奇異恩典》(*Amazing Grace*) 後來傳至美國，黑奴給它譜上曲，成為家傳戶曉的詩歌。你能想像世上有哪種更強的力量，可使曾經販賣黑奴的人和黑奴可以走在一起唱頌？有哪種更祝福人類的福氣？

一月中香港發生了一件倫常的慘案。一個「父親」殺害了自己的親生兒女，然後自縊身亡。三個子女中只有大女兒能倖存，但卻已身受重傷。當社會各界都為這個「父親」的行徑感到憤怒和齒冷，大女兒在傷勢穩定後向傳媒表示，她因著信仰的力量和上帝的愛已經原諒了父親，只希望母親也能原諒父親，並一起勇敢地面對未來的日子。

我們聽過、看過不少曾經飽受苦待和欺淩的生命，矢志「以其人之道還治其人之身」。我們這一代也見證了「我不好過，你也不會好過」的循環。「只待一朝我有了力量、權勢和財富……」這個只有十二歲的女孩子，使我們重新理解已經被遺忘、真正的力量和福氣。說實在的，有哪一種更強的力量使人能原諒別人？哪種才是真正祝福人類的福氣？

前年我在大學開了一門課「耶穌倫理與現代世界」，講授馬太福音裏耶穌宣示的倫理教導與現代世界的關係。一天，一位修讀歷史的學生對我說：「耶穌所講的無疑很動聽，但我卻覺得它們不切實際，無法對應現今社會的實況。」我看著他，對他說：「耶穌的教導是否不切實際並不由你我來判斷，但我想你看看人類最近這一百年的歷史，看看祂的教導為我們留下了甚麼。想想俄國作家《戰爭與和平》(*War and Peace*) 的作者托爾斯泰 (Tolstoy)、印度的甘地 (Gandhi)、美國的馬丁．路德．金、德蘭修女 (Mother Teresa)、南非的杜圖 (Tutu)，還有許多許多你我不知道名字的人，正因為他們相信並且實踐耶穌的教導，使我們知道應該怎樣尊重別人，並平等地一起生活。確實，正如基督教教會歷史學家勒德列（K. S. Latourette）曾言：「若要量度耶穌的影響，我們並不以其教訓和實際間的距離來量度，而是以祂所帶來的改變來量度。」

我們究竟需要甚麼呢？甚麼是最真摯的福氣呢？我們必須緊記主說「人活著不是單靠食物」(太四4)，我們更應牢記主的藍圖並其所宣示的「福氣」。畢竟，我們所承受的，並不是世界的國度。

回應〈天國藍圖〉

陳應信 北角浸信會執事

馬太福音五章的「論八福」是耶穌開始傳道時所講的著名講章，它與登山寶訓的其他經文，如「主禱文」、「毋憂慮」、「毋論斷」等，曾幫助我面對自己的不足和軟弱，特別是信主的最初數年。我也記得在一九八一年的夏令營，江耀全院長應邀為講員，也是以八福帶出跟隨基督的主題，故此馬太福音五至七章是我頗為喜歡的聖經篇章之一。

孫牧師的宣講啟發了我。那次崇拜後，我想到自己需要在聖靈的提醒下過每一天。我所著緊的不是孫牧師講道中所說的權或財，而是「自我」，如希望改善自己處事的弱點，或是冀望性格能有所改變，得到別人的稱許或接受。

牧師講道中提及「有福」，是指蒙神喜悅，是從神的角度來看，而不僅僅是別人對我的肯定。由此，我體會到上帝極想我過有意義的生活。事實上，耶穌基督的代死與復活、祂的教導，的確為我提供了為他人而活的方向。而因著閱讀聖經和每星期的崇拜，這方向可以不斷地更新、校正，以期可以活出上帝所要我活出的生命，正如使徒保羅勸勉信徒要「心意更新而變化」，「察驗何為上帝的善良、純全、可喜悅的旨意」(羅十二2)。

神人之間

創世記三章1至24節；馬太福音四章1至11節

預苦期第一主日

耶和華上帝呼喚那人，對他說：「你在哪裏？」

在聖經眾多「難」解的經文裏，創世記三章肯定佔一席位。我們說它「難」，是因為它似乎製造困難多於發放亮光。我們愈讀愈感到困惑。在兩千年的教會史和西方文化史裏，處處可以找到因這章經文帶來的問題：男尊女卑、原罪、苦罪、死亡、神義、性等等。這些棘手的問題告訴我們，這一章經文之豐富和艱澀，實在不是一兩次的查考或宣講可以處理得來的。而在預苦期第一主日裏，我們將循創世記一章的脈絡了解創造記三章，思想人類的墮落和上帝的救贖。

我們知道創世記一章並不是有關宇宙世界由來的科學報告。創世記是一個宣告、認信、讚美，甚至禱告。它不是報導宇宙形成的過程，而是要認信宣告世界是由一位上帝所創造的。世界並不是偶然而來，也不是諸神間爭戰的副產品，而是由這一位上帝有計劃地創造的。這一位上帝是恩慈、智慧、有恩情的；祂願意、也能夠從混沌的世界和生命裏創造出秩序，就好像祂創造天地一樣。簡言之，創世記是適切和對應時代的福音，而不單是往昔過去的記錄。

與創世記一章相仿，三章亦不僅是過去事件的記述。事實上，與其說它是記載遠古事件的敍述，不如說它是對應每一代人的宣講。在每一次的閱讀、查考和宣講裏，它都邀請我們再一次審閱思考自己的生命。它不僅反照遠古時候神人之間的關係，更挑戰我們認真看看我們與上帝、並與別人的關係。

當然，這段經文常常帶來一個問題：「人有必要受試探嗎？上帝可以創造一個沒有試探的地方，不讓人面對試探以致失落嗎？」這個問題往往阻撓我們進一步進入經文裏。

這無疑是個難纏的問題，但它的合法性並不是理所當然的。我們必須要從創世記一至二章整體來看這個問題。試想想以下的場景：

> 每天早上起來的時候，你總發現自己身在一個四壁無窗的屋子裏。在這個屋子裏，你受到完全的保護，沒有任何外來的刺激和引誘，以驅使你犯錯誤或失腳。往工場幹活的路只有一條，你不能抄別的小路，你不可以四周張望，你甚至不能和其他人接觸、聊天，你只能每天、同一時間、同一速度往來工場和住處。你接受完全的保護，沒有絲毫犯錯的空間和可能性。

這樣的環境確能「保護」人免於犯錯，但事實上，這是第二次世界大戰時集中營裏的日程。若然如此，我們也許能認真思考，自己提出的「上帝是否可以為人創造一個沒有試探的環境」究竟是不是一個正確的問題？即使有這樣一個環境，人還能生活得像人嗎？

事實上，在提出這個問題或抗議的時候，我們往往過於聚焦於三章的記述。我甚至相信，大多數人提出這問題的時候，他們自己正是面對生命裏的困難和失腳的苦痛及後果。我們忘記了創世記一章。我們忘記了上帝以祂自己的形像和樣式創造人類，使之具備無可比擬的能力和恩賜。我們有音樂、才藝、語言、數學等等的創意和能力，是其他受造物所沒有的。我們管理大地，也像上帝一樣有創意。我們能夠發明、累積和擴充知識，從而選擇、延伸和豐富我們的生活。前天我在一個音樂會裏翻閱場刊，看到這樣的文字：「音樂能使我們成為更好的人……更有智慧、更集中、更有感情。音樂沒有界限，有人的地方，就有音樂。」在我們享受這一切恩賜和才能的日子，我們可會埋怨說：「上帝可不可以創造一個沒有這些恩賜的環境？」

當我們提問的時候，需要看看更大的圖畫，藉以更能掌握我們的真正問題，從而深入地思考，作出更適當的回應。我們領受的既然較多，就必有更大的責任。我們不能單單看創世記三章的後果，卻忽略了一章和二章所提到的恩惠和特權。人從上帝所領受的恩賜，正在於他／她不像其他生物般被囿於基本的生物本能，而是從摸索和認識的過程裏建立與上帝、與人的關係。

被賦予上帝的形像和樣式的人，自然不會像實驗室裏的動物，只能按紅色或綠色的鈕。人不能避免地面對可能性和選擇。人過去要選擇、今天要選擇、明天還是要選擇。當我們要在「甲」、「乙」或「丙」中間作取捨的時候，我們運用累積的知識、經驗和資料作選擇。但當我們的決定否定上帝的愛，牽動我們背逆上帝的時候，我們面對的是「試探」。在人類生命的旅程上，我們愈走，愈能發明並累積知識，同時不能避免地會面對更多更多的選擇。但在眾多的選擇裏，自然免不了隱藏著試探。

當我們決定如何運用資金以增加我們的收入，我們是以知識、資料和智慧作選擇。當我們思考如何在法律的隙縫間巧取豪奪，不惜犧牲他人甚至剝削他人，我們就是將自己放在試探裏。

當我們為將來的配偶禱告和為此作出抉擇時，對方的背景、性格、興趣、志向等，都是我們可自行選擇的。可是，當我們已經在婚姻關係裏，卻仍然容許自己與另一個異性的關係萌芽和發展，那就是容許自己落入試探裏。

當人類以累積和發展的知識科技，探索怎樣保護和延續人類的生命時，自然得面對無數待考慮的因素和好些抉擇。但在發展遺傳科技和基因工程的過程裏，人類抬舉自己以致取代上帝，甚至否定上帝，追逐一己的野心而棄置更高的價值，人類便是將自己放在試探裏。

這樣的例子俯拾即是，在生活裏也實在有無數模糊或灰色的地帶，我們不必、也不能否定。這是我們需要每天安靜在上帝面前整理自己的原因，這也是我們需要每週崇敬上帝、澄視自己生命的原因。我們靈修崇拜不是因為律法，是因為需要上帝的光照啟迪我們生命裏陰暗的地方。正如約翰說：「上帝比我們的心大，一切事沒有不知道的。」(約壹三20)在安靜和敬拜的時刻，我們因著接近上帝而敏於辨別不同的聲音。

試探者對女人說：「你不一定會死……」

這種聲音今天仍不絕於耳：

「這樣不太好吧？」

「不一定會有事的……」

「這樣會有問題嗎？」

「別人都這樣，不一定會有問題的……」

你必須要聽清楚、辨別試探的聲音。

在安靜和敬拜的時候，我們學會辨別謊言。「你會像上帝……」試探者這樣告訴人。這是何等吸引人但卻也是何等大的謊言。我們不是上帝按其形像和樣式而造的嗎？事實上，被造的沒有一樣比我們更像上帝。然而，「你會像上帝」這一句話骨子裏是說：「你就是上帝，是你自己的主人。你不需要向誰負責，只憑著你的感覺和需要去行就是。」亞當、夏娃之失腳並不是因為知識，這是他們本來就有的。也不是因為那棵樹和其上的果子。他們的下墮是因為他們懷疑上帝的恩情，棄置上帝和人建立的關係和契約，以為自己就是生命的主宰。

上帝要挽救人類，顯然並不是以製造一個「完全保護」的環境來達成的。沒有分別善惡樹，不見得就沒有犯惡的可能。上帝拯救人類，是要讓他們明白和經歷上帝的恩義，願意重建這個關係，承認上帝才是生命的主宰。

上帝的方法是讓祂的兒子經歷這一切。耶穌的生命就成了上帝與人之間的橋樑，也是每一個願意與上帝建立關係的人之榜樣和救法。上帝的方法是要讓人知道：上帝的兒女要在高峯處不自以為是、輕忽上帝的契約；在低谷處不懷疑上帝的恩情和信實。

馬太福音四章與創世記三章的格局雖然不同，但試探者的聲音仍然是暗晦誘人的。「如果你是上帝的兒子……」這不也是今日許多上帝兒女耳邊聽到的聲音嗎？

「如果你是上帝的兒女，為何還未找到工作？」
「如果你是上帝的兒女，為何病成這個樣子？」
「如果你是上帝的兒女，為何成績這樣不理想？」
「如果你是上帝的兒女，為何事業沒有起色？」
「如果你是上帝的兒女，為何家裏有這許多問題？」

耶穌之勝過試探，叫我們體會，不必因困難而懷疑上帝兒女的身分。事實上，正因耶穌的經歷，我們更相信上帝與人之間的連結是從未斷絕的：

> 我們既然有一位已經升入高天尊榮的大祭司，就是上帝的兒子耶穌，便當持定所承認的道。因我們的大祭司並非不能體恤我們的軟弱。他也曾凡事受過試探，與我們一樣，只是他沒有犯罪。所以，我們只管坦然無懼地來到施恩的寶座前，為要得憐恤，蒙恩惠，作隨時的幫助。（來四14～16）

回應〈神人之間〉

曹偉彤 香港浸信會神學院院長兼教務長

細讀孫博士的講章〈神人之間〉後，我認為它在宣講方法上所展示的一些特色是值得深思和細想的。我有下列兩方面的觀察。

(一)

從〈神人之間〉的格局來看，孫博士的宣講是敍述宣講的一種。這不是從一些抽象的、永恆性的命題以演繹的方式應用在人的生活上，而是以經文的敍述為起始點，嘗試將經文的信息關聯至人實存的層面。換言之，它是從聖經敍事的信仰邏輯出發，然後扣緊人類實存狀況的深處。

是故，〈神人之間〉主要從創世記一章的敍述脈絡去理解三章裏眾多「難」解的生命懸謎的其中的一個：「人有必要受試探嗎？上帝可以創造一個沒有試探的地方，不讓人面對、以致失落嗎？」為了回答這個問題，孫博士先指出這問題是一個偏側了的問題，那就是：過於聚焦在三章所記述的惡果，而忽略了一章和二章所描述的恩惠。他引領聽眾從創世記一章和二章的敍事脈絡來思想這個問題。用弗萊（Hans Frei）和林貝克（George Lindbeck）的説法，〈神人之間〉也算是一種「文本內在」(intratextual) 的閱讀和宣講。

基於一種類近文本內在的閱讀，孫牧師認為創世記一章並不是有關宇宙由來和發展的科學報道，而是回應時代的信仰宣告——宣告世界是由一位恩慈、智慧、恩情的神所創造的。這種說法意味著聽眾無須在創世記一章和二章的歷史記錄的細節上糾纏，而應集中專注有關篇章的信仰邏輯。同樣，他指出三章不僅記述過去的事件，不僅反照遠古時候上帝與人的關係；而也應對每一代的生命需要，挑戰人認真細看人與上帝、並與他人的關係。在這裏，人與上帝、與他人的關係是一章至三章的信仰邏輯的所在。

（二）

然而，孫博士的〈神人之間〉也不是聖經敘事那種純粹和單向的「自說自話」。從另一個角度來看，孫博士的宣講目的是透過闡明信仰對人的意義，去應對人的共同需要和經驗。因此，他的敘述方式也是一種居間性的關聯形式。他的敘述所產生的關聯極強調人類狀況的分析，嘗試從有關分析去揭示救恩的問題。

是故，他在〈神人之間〉指出人具有神的形像和樣式，具備神所恩賜的能力（諸如音樂、才藝、語言等），具有「選擇」與神、與人建立關係的能力。換句話說，人是可以選擇地肯定或否定神的愛。當人選擇背逆神的時候，人面對的是「試探」。在生命的眾多選擇中，試探隱藏在選擇背後。這是生命的實況。在這裏，他從存在論的角度來解釋人的狀況，以人所選擇的試探為一種生命中昏暗的表現（雖然他沒有用這些術語明示，其含義是顯明的）。因此，人需要在神面前安靜和崇敬，小心辨認和堅決拒絕試探者所發出的「你不一定會死」的謊言，不致愚昧地以為人可以「像神」、可以作為生命的「主人」，因而令神和人建立的關係和契約破裂。他宣稱神人之間的關係是可能的，因為耶穌已成就了神人之間橋樑；祂已勝過試探，叫跟隨者不必因困難而懷疑神兒女的身分（馬太福音四章）。由此可見，孫博士極重視人性的需要和共同經驗，並試從有關經驗分析去揭示救恩的問題。

總言之，孫博士一方面從基督教信仰的語言和邏輯去理解人類實存層面的需要；另一方面，他又透過聯繫人類的經驗以確使基督教信仰對人產生意義。前者可確定敍事在宣講中的主位式；後者可促使基督教信息對現代人的相關性和相應性。這兩者都是我們所應細想、借鏡和學習的。

水的故事

出埃及記十七章1至7節；約翰福音四章3至42節
預苦期第三主日

耶穌回答說：「凡喝這水的還要再渴；人若喝我所賜的水就永遠不渴。我所賜的水要在他裏頭成泉源，直湧到永生。」

對於逐水草而居的遊牧民族和水利不甚發達的古代社會而言，水是極其重要的。所以，從舊約到新約聖經，水都是重要的主題之一。水在聖經裏如此重要，固然是因為它乃人實際生活不能缺少的條件，也因為它能表達人生命更深的狀況和訴求。出埃及記十七章1至7節記述了在曠野的以色列人遇到乾涸無水的情況：

> 〔民眾〕與摩西爭鬧，說：「給我們水喝吧！」摩西對他們說：「你們為甚麼與我爭鬧？為甚麼試探耶和華呢？」百姓在那裏甚渴，要喝水，就向摩西發怨言，說：「你為甚麼將我們從埃及領出來，使我們和我們的兒女並牲畜都渴死呢？」(出十七2～3)

也許我們會想，水既是人生存的必要條件，以色列人在這種情況下抗議，也是無可厚非的，並不是甚麼爭吵，也不存在甚麼試探；以色列人實在沒有必要將此事大書特書，甚至還把這地方稱為「瑪撒」(試探耶和華) 和「米利巴」(爭鬧) 。

要明白以色列人為甚麼要記取這水的故事，我們必須溫習出埃及記一章到十六章所記以色列人所經歷的事情。上帝帶領他們從被奴役和踐踏的埃及地出來，應許他們將要到流奶與蜜之地；上帝使他們渡過紅海，避過了埃及的追兵；上帝在曠野地 (以琳) 預備十二股清泉；上帝為他們供應鵪鶉和嗎哪。縱然經過了這許多的事情，就因一時的缺乏，以色列人就說：「你為甚麼將我們從埃及領出來，使我們和我們的兒女並牲畜都渴死呢？」他們就挑戰說：「耶和華是在我們中間不是？」看來，不管過去的經歷 (牧長時期至以色列脱離埃及) 如何，無論將來的應許 (迦南) 如何，都比不上當前的需要 (水) 來得真實。

你知道以色列人像誰嗎？像以掃。

> 有一天，雅各熬湯，以掃從田野回來累昏了。以掃對雅各說：「我累昏了，求你把這紅湯給我喝。」因此以掃又叫以東。雅各說：「你今日把長子的名分賣給我吧。」以掃說：「我將要死，這長子的名分於我有甚麼益處呢？」雅各說：「你今日對我起誓吧。」以掃就對他起了誓，把長子的名分賣給雅各。(創二十五29～34)

你能想像你會為一碗湯而起誓嗎？你能想像你會為一碗湯而放棄未來的理想和福氣嗎？你能想像你會為一口水寧願回到被奴役、受踐踏的地獄嗎？你能想像你會為一口水而埋怨上帝嗎？如果你將目光聚焦於一刻，世上再沒有別的，就只得這麼一刻。一刻的歡娛、一刻的滿足、一刻的成功、一刻的光彩，也許……

水繼續是遠古時候的主題，因為它仍然是生活中不能缺少的條件，也能表達人生命裏更深的狀況和訴求。

⁂

離開以色列人在曠野流浪的時期已有好一段日子了，距今大概是兩千年前，耶穌經歷了旅途的疲累，在中午的時候到了撒馬利亞的一個地方，坐在一個井旁。另一個水的故事展開了。

一個撒馬利亞婦人在中午的時候到這裏打水。婦女往井裏打水是自然不過的一件事，就好像主婦到菜市場買菜一樣平常。究竟水又如何反映她的生命呢？

她的生命是逃避躲藏的生命。因為中東的天氣酷熱，一般打水的婦女都會聯羣結隊地在清早或黃昏的時候打水，以避過猛烈的陽光，非不得已都不會在中午去打水。所以，這位「慣常」在中午打水的婦人，她的行徑確實匪夷所思。除非她根本不想遇見任何人。也許她是在逃避、躲藏。不是嗎？你聽她和耶穌的對話：

> 耶穌說：「你若知道上帝的恩賜，和對你說：『請給我水喝』的是誰，你必早已求他，他也必早把活水賜給你了。」那婦人說：「先生，你沒有打水的器具，井又深，你從哪裏得活水呢？我們的祖先雅各把這口井留給我們，他自己和子孫以及牲畜都喝這井的水，難道你比他還要大嗎？」耶穌回答說：「凡喝這水的，還要再渴；人若喝我所賜的

水，就永遠不渴。我所賜的水要在他裏面成為湧流的泉源，直湧到永生。」那婦人說：「先生，請把這水賜給我，使我不渴，也不用來這裏打水。」（新譯本；約四10～14）

顯而易見，這婦人所希望的就是「不用來這裏打水。」這婦人希望不用來這裏打水，是不想面對別人的眼光和說話。她要將自己收藏起來，因為她的生命滿佈傷痕。

你能想像一個遠古的婦人曾經有五個丈夫嗎？這裏所說的不是今天荷里活式的婚姻，結束和開始都可以成為報章和週刊的頭條。我們說的是一個重視婚姻的社會和文化處境。結束一段婚姻是極其羞辱、傷痛和遺憾的，特別是被遺棄的一方（通常是女的）。所以，儘管歷來許多人認為這個婦人必定有甚麼失德之處，但她更可能是那五個男人眼中不稱職的太太，以致一個又一個地拋棄她。在遠古的時候，丈夫要休妻是很容易的。拉比說，只要丈夫對妻子感到「不滿、不合適」，就可以把她休了。而這個「不滿、不合適」從最簡單的收拾家務、煮食、到嚴重的德行，都可以用得上。

若她照一般婦女在清早和傍晚的時候打水，你能想像她會聽到甚麼話、承受著怎樣的目光？「這個女人連飯也作不好」、「她連家務也不會作」、「她不會討丈夫的歡心」、「她連一個丈夫也留不住」……到此，也許我們會明白她為甚麼會在沒有人出沒的時候去井旁打水，我們也明白為甚麼她希望「不用到這裏打水」，甚至我們會明白她為甚麼會提出有關崇拜的問題。畢竟，一個這樣的婦人，一個經歷這許多創傷的女人，她還有甚麼可以盼望的嗎？丈夫？她曾經有五個了。朋友？如果有人在身旁，那一定只會是恥笑她的。她的心只能放在遙遠的將來；而此刻，她卻只能盡一切逃避。

在以色列人的「水的故事」裏，我們看到以色列人只著眼於眼前，他們既忘記過去，也不理會將來。而在約翰福音四章「水的故事」裏，我們看見一個婦人，背負著傷痕和歷史的擔子，隱約地期盼將來，但卻努力地逃避此刻。拿到水，此刻的水，只能讓她逃避。更多的水，是更多的逃避和躲藏。就好像人以為他所要的是金錢，然而賺得更多只帶來更多的不滿足。

然而，以色列人和這撒馬利亞婦人的分別還不止這一點，更在他們生命的分別。至少，這個婦人的生命還是開放的。這一天的下午，她要逃避的一刻，卻是她生命改變的契機。也許是因為她對生命還有所渴求、有所期盼。最重要的，還是因為真正的活水向她傾流了。「猶太人」、「先生」、「先知」、「基督」、「世人的救主」。撒馬利亞婦人也從尋找水轉到尋找活水、從注視自己的經歷到注視敬拜，在尋求水的經歷和對話中，她觸摸到自己生命裏真正的渴慕。

你能看見她的改變嗎？

> 那婦人撇下了她的水罐，進到城裏去，對眾人說：「你們都來，看看一個人，他把我所作的一切都說出來，難道這人就是基督嗎？」眾人就出城，往耶穌那裏去了。（新譯本；約四28～29）

過去將自己藏起來的人，竟然進到城裏去對眾人說話。過去逃避自己歷史的人，竟然公開自己的故事。這個改變必然是明顯和不尋常的。不然，眾人不會「馬上出城，往耶穌那裏去」。

這個婦人是與上帝和好、與自己和好、與別人和好的人。從心理學講，這人是"an integrated person"，用保羅的話說，是看自己看得「合乎中道」的人。她以後還會去打水，但不再是中午的時候了。她去的時候，必定是其他婦女也去打水的時候。不錯，仍然有人在背後指指點點。然而，她必定說「是的，我曾經有痛苦和失敗的過去。但我已經遇見彌賽亞了，我已經告別逃避和躲藏的生活。」

在二月九日尼希米助道會的週會裏，一位弟兄問我：「孫牧師，你對我們尼希米助道會的一羣年青人有甚麼期望嗎？」我記不清楚我當時的回答。像這樣的問題應該早一個月、甚至一年前提出，讓我有充分的時間思考才比較好。我只記得後來一個多兩個星期，我一直在想這個問題。作為顧問牧師，我究竟對尼希米助道會和其它助道會、甚至北角浸信會的弟兄姊妹有甚麼期望？

我總相信我不能對弟兄姊妹的生命作一概而論的描述。在你們中間有人尋覓、等候著工作，可也必定有人正享受著工作(雖然這在今天的香港是很不可思議的)。有人在花園裏，有人在曠野中。有人覺得上帝無比親近，也有人毫不覺得上帝在自己的生命裏。有人在喜樂當中，也有人在傷痛裏。有人想讚美上帝，有人卻要埋怨上帝。面對著你們，我和傳道同工們有甚麼期望呢？

這裏每一個生命，每一個生命都是上帝所寶貴的生命。如果我對你們有任何的期望，那就是你們能開放自己，使主能觸摸你們的生命。我們有些像撒馬利亞婦人，有些像門徒，有些像撒馬利亞城裏的人，有些像井旁的人，甚至我們有些時候還真像曠野的以色列人。大部分的人，連我自己在內，也許是各樣都有些。

我知道在這些年間，我們很可能被迫像曠野的以色列人，被乾涸無水的環境迫瘋了，只能著眼於眼前的一口水。但我仍然期望你們對生命有所渴求、有所期盼、有所執著。我禱告你開放自己的生命和掙扎，讓主可以觸摸你和改變你。也許你在曠野裏，我期望你不要忘了有一個泉源，隨時讓你汲取力量、滋潤你的生命。我們的主耶穌說：「凡喝這水的還要再渴，人若喝我所賜的水就永遠不渴。」

我們的朋友「睡了」

以西結書三十七章1至14節；約翰福音十一章1至44節

預苦期第五主日

耶穌說：「復活在我，生命也在我。信我的人雖然死了，也必復活；凡活著信我的人必永遠不死。你信這話嗎？」

死亡是我們生命的一部分，無論我們如何忌諱，或早或晚還是得面對。而約翰福音十一章1至44節這段經文裏，耶穌所說的「復活在我，生命也在我。信我的人雖然死了，也必復活；凡活著信我的人必永遠不死」之不易理解，更值得我們一再思想。

從多年前第一次接觸這節經文起，我一直都不肯定我真的理解其中的意思。作為一個牧師，除了醫護人員外，我想我比大多數人更多接觸死亡。對我而言，死亡是既熟悉卻又陌生的。同樣是既熟悉又陌生的，是耶穌在約翰福音裏這一句我常常誦讀、甚至宣講的經文。然而，究竟我們怎樣面對死亡？如何面對我們所愛的人的死亡？

去年（二〇〇一年）六月二日傍晚，我在回家途中接到兄長的電話，說醫院剛來消息：臥病醫院的父親情況告急。我馬上轉往醫院。到了醫院，親人們都靜靜地在電梯口站著。姊姊看到我，緩緩地對我說：「爸爸已經離去了。」跟著把我帶到病房。爸爸仍然躺在床上，身上還掛著開著的呼吸輔助器，機器的電源還未關上。開動的器材使得爸爸的胸口一起一伏的動著。我看著爸爸。姊姊再對我說：「爸爸已經離去了。」我急忙道：「還未啊，你看爸爸的胸口還在動呀。」姊姊說：「寶玲，爸爸已經不在了。這只是機器而已。關掉了機器、拔去輔助的管，爸爸就不再動了。」在那一下子，我才知道十多年來從書本和課堂上所學(甚至自己曾教授)的知識，竟會那麼真實地發生在自己的身上：當人遇到突如其來的噩耗的時候，第一個反應就是否定。

我們怎樣面對死亡？如何面對我們所愛的人的死亡？耶穌的話有甚麼意思？信祂的人，果真雖然死了，也必復活嗎？活著信祂的人真的永遠不死嗎？我能明白馬利亞和馬大對主的投訴：「你若早在這裏，我的兄弟必不死。」

然而在辦理爸爸身後事的幾天裏，我不禁想，假如爸爸在六月二日那天晚上真的奇蹟地復生，又會是怎樣的一個情況？爸爸不在八十三歲時安息，壽命會延長多久，至八十五歲？九十歲？還是一百歲？然而，他身上還得插上許多的管子。然後有一天，他還是要離我們而去。就像從墳墓裏出來、被布裹纏的拉撒路，有一天還是要躺在墳墓裏(所以，我們不能說拉撒路是復活，而是復生)。我們該如何理解耶穌的話呢？是從字面了解嗎？還是有另一層的意思？

我想起了一位姊妹，她是我教會裏一位執事的太太。她在幾年前安息了。[1]她在八○年代被診斷得了癌症，經過醫治，她痊癒了。一直到了大概是一九九四年或一九九五年吧，她的身體出了狀況，再度影響她的生活。還記得一個週三晚上的禱告會後，我和她站在教會的門口聊起來。她向我提及近日身體的情況。我一時想不出甚麼話來安慰她。但她卻對我說：「牧師，你不用掛心。栽種有時、收割有時，工作有時、休息有時，喜樂有時、哀哭有時，生有時、死有時，這一切都在天父手裏，你別掛心。」在我的記憶裏，她總是用專注和微笑來支持我們的事奉。每次崇拜的時候，她總是坐在禮堂的中央，面帶微笑地看著在台上事奉的同工和弟兄姊妹。在她被病痛纏繞的日子，她讓丈夫攙扶著來崇拜，我看著她皺著眉坐下來，就知道她的痛苦。然而當她坐下來以後，她又用專注和微笑來支持我們了。每次我去探望她，無論是在家或是在醫院，她總是對我說：「牧師，你不用掛心。栽種有時、收割有時，工作有時、休息有時，喜樂有時、哀哭有時，生有時、死有時，這一切都在天父手裏，你別掛心。」

是的，死亡是真實的，也是讓人感到傷痛的。這是馬利亞、馬大、每一個曾經站在醫院裏或墓前的人都知道的。不過，就在這傷痛的現實裏，也有極其珍貴的一面。盧雲曾在他的作品裏引述一個作家在六歲時首次面對死亡的經驗。[2]

「爸爸，牠是死的嗎？」我看著路旁的一隻僵硬的小鳥，怯怯地問我父親。

「是，牠已經死了。」爸爸緩緩地對我說，說著小心翼翼地包好這隻小鳥。

「為甚麼牠會死呢，爸爸？」

「凡有生命的總有一天會死的。」

「凡有生命的都會死？」

「是啊。」

「那爸你呢？媽呢？」

「有一天我們都會死的。」

「連我也是？」

「是的。」爸爸親切地接著說：「但我希望你可以長大，過一個豐盛的生活，然後才離開這個世界。」

「為甚麼會這樣子呢？」

「孩子，這是全能上帝的智慧啊。只有這樣，受造物才知道生命的可貴。你可以永遠擁有的，你總不會珍惜寶貴。」

我們可以永遠擁有的，我們自會以為理所當然，不會珍而重之。但如果我們這個生命會消逝，我們豈不應愈加看重和珍惜，同時也寶貴別人的生命，努力付出嗎？畢竟，我們的父母親、配偶、子女、弟兄姊妹不會永遠在我們身旁。這是上帝所賜予的一個恩賜。我漸漸相信這是耶穌在約翰福音裏所說「永生」部分的意義。是因著認識生命乃創造主的恩賜，從而珍而重之的生命，是我們可以體會、經歷的生命，已經實現了的生命(It's already here)。

可在實際生活中我們都知道，無論如何努力和珍惜，別人還是會使我們流淚，同樣我們也會使人落淚。無論如何看重和努力，別人還是會傷害我們，而我們一樣會傷害別人。無論如何努力，別人還是會誤解我們，而我們也會誤解別人。無論我們如何努力，這個世界還是有許多人從來都不知道甚麼叫「飽足」、「淨水」、「教育」、「溫暖」、「和平」、「信」、「望」、「愛」……

以西結書三十七章的這一段的經文，是以色列在一九四八年立國的宣言。亡國接近兩千年，就像拉撒路從墳墓裏走出來，以色列民族也從歷史的墳墓裏走出來。但近日中東的局勢和血腥，使我不斷的問，究竟以西結書對猶太人、對整個世界有甚麼意思呢？無論我們如何努力，生命還是千瘡百孔。我們也實在不能將盼望放置在「今生」之上。正如保羅說：「我們若靠基督，只在今生有指望，就算比眾人更可憐了。」(林前十五19)

我明白、我相信，耶穌的話不僅僅有其象徵意義，也有其實質的應許。我們必須相信有一個永遠的生命，這永遠的生命並不是由裹屍布所包繞的拉撒路所代表，而是由突破裹屍布和墳墓的耶穌基督所代表。這個生命不再由「眼淚、死亡、悲哀、哭號、疼痛」來定義(啟二十一4)。這是個將來的生命(not yet)，是永遠的生命。至於這個生命是怎麼一回事，從來沒有人說得準。使徒保羅多番思考也只能說這是個「榮耀的身體」(林前十五章)。而約翰更說：「親愛的弟兄姊妹啊，我們現在是上帝的兒女，將來如何，還未顯明；但我們知道主若顯現，我們必要像他。」(約壹三2)但基督耶穌從死裏復活，使我們在面對死亡的時候可以說：「死啊，你得勝的權柄在哪裏？你的毒鉤在哪裏？」(林前十五55)

耶穌對馬大說：「復活在我，生命也在我，信我的人雖然死了，也必復活；活著信我的人必永遠不死。你信這話嗎？」如果耶穌今早問：「你信這話嗎？」你會怎樣回應呢？我禱告你會說：「主啊，我信。」如果你接受耶穌的話，你會珍惜和寶貴你自己和周遭的生命。只有相信耶穌的應許，在你或你所愛的人走到生命至終的階段的時候，你會像保羅一樣說：「死啊，你得勝的權勢在哪裏？你的毒鉤在哪裏？」

註釋：

1 姊妹安息禮拜的講章，見第二部分〈凡事都有定期〉。

2 Chaim Potok, *My Name is Asher Lev* (New York: Alfred A. Knopf, 1972), p.156，引於Henri Nouwen, *Aging: The Fulfillment of Life* (New York: Image Book, 1974), pp.143～144。

回應〈我們的朋友「睡了」〉

龔立人 香港中文大學崇基學院神學院副教授

死亡代表一種關係的中斷。它使離世者帶著傷痛離開，也使在生者帶著傷痛活著。所以，沒有嘗過死亡之痛的人才可以討論死亡。事實上，只有在關係中，我們才會感受到死亡的真實、思考死亡的意義。有人透過「打齋超渡」的儀式令在生者安樂一點，有人以彼岸的美好來紓解在生者的遺憾。然而，這一切並沒有正面處理因關係中斷帶來的悲痛。問題的核心不是死者死後的生活是否愉快，而是在生者是否可以與死者重聚。重聚就是將一段中斷了的關係重新駁上；重聚使生命中的眼淚可以抹乾；重聚使生命中的渴望可以成全。因著可以重聚，縱使流著淚，患重病的人仍可以豁達地說：「生有時、死有時，這一切都在天父手裏，你別掛心。」甚至說：「死就死吧！」又縱使心痛如刀割，在生者仍可以有信心地向他所親愛的人說：「我們必再擁抱。」

重聚是否真的令人嚮往？那也不一定。尤其對那些沒有被人真誠地擁抱過，或不曾真誠地擁抱過別人的人來說，重聚可能只是一場咒詛。然而，世上會有這樣的人嗎？不，世上沒有這樣的人，不是因為世間有情，而是因為上帝的愛。上帝的愛使那些不相信自己值得被愛的人發現自己仍值得被愛；上帝的愛也使那些不願意去愛的人體驗生命就是愛。愛使我們盼望重聚，而上帝的愛卻使重聚成為事實。

重聚之可以成為事實，因為耶穌基督已從死裏復活了。保羅說：「感謝上帝，使我們藉著我們的主耶穌基督〔死亡與復活〕得勝〔死的毒鈎〕。」(林前十五57) 當上帝使自己與死去的耶穌認同之時，勝利已經發生了。因為上帝與死的距離本是無限遙遠的，死亡根本不能觸及祂，但在耶穌之死中，上帝卻被死觸及。當上帝使自己與死去的耶穌認同之時，祂就真正與猖狂和敵視自己的死展開了較量，並最後使死去的耶穌復活。復活不但代表死亡被徹底地「殺死」，更表示我們眾人因耶穌基督的復活也會復活。雖然要到「號筒末次吹響的時候」(林前十五52)，勝利才成為無可爭議的事實，但在此刻，死對基督徒已構不成甚麼威嚇。

我們與離世的親朋重聚，是透過復活，而絕不是透過死亡。死亡本身不會導致重聚，所以，在生者不要以為主動尋死就可以達致重聚。重聚在於復活，而復活又是一種活著。因此，只有熱愛和積極活著的人才會明白復活的真諦。縱使我們終會有死亡的一天，但沒有真正活著，便是白過，因為「復活在我〔耶穌基督〕，生命也在我。信我的人雖然死了，也必復活」(約十一25)。

一切從復活開始

約翰福音二十章1至18節；歌羅西書三章1至17節
復活節

七日的第一日清早，天還黑的時候，抹大拉的馬利亞來到墳墓那裏……馬利亞卻站在墳墓外面哭……抹大拉的馬利亞就去告訴門徒說：「我已經看見主了。」她又將主對她說的這話告訴他們。

我們常聽人說：「好的開始是成功的一半」。然則，我們怎樣開始呢？以旅行或生育小孩子為例，我們會先研讀有關的資料、繼而計劃及作好準備。這句話幾乎可以應用在生活上各方面，也是我們常常教導下一代的：「好的開始是成功的一半。」

這句話固然有其智慧和道理，但也不一定可以完全兑現。換言之，它並不是全然反映生命實況的。我們當然不相信有不勞而獲的事情，但我們也知道我所得到的期望與收穫，不一定與付出成正比。畢竟，生活裏有太多太多的因素，是超過我們的研讀、計劃和預備所能控制的。你為旅行作好了種種的籌備和計劃，卻遇上了天氣或身體不適。你悉心培育子女，但他們近日的態度和言談卻讓你懷疑自己的付出。你為考試作好了準備，不料出了狀況……

除了這些難以掌握的因素，還有我們不能左右和控制的長相、條件和背景。好的開始未必就是成功的一半。

其實，不僅僅上述因素不由我們控制，就是我們自己，往往就已是最大問題的所在。就以彼得為例，他曾有很好的開始。彼得既是耶穌第一批跟從者之一，也是一位突出的學生。根據福音書的記載，彼得的表現往往是眾徒之首。在加利利的海旁，當羣眾和部分跟從者紛紛離去的時候，耶穌問剩下來的門徒：「你們也要離去嗎？」彼得說：「主啊，你有永生之道，我們還跟從誰呢？」(約六68) 在該撒利亞腓立比附近，耶穌問門徒人們對他的看法，有人說耶穌是以利亞、施浸約翰、先知。但當耶穌要求門徒表達他們的意見時，他們卻愣住了。但彼得卻說：「你是基督，永生上帝的兒子。」(太十六16) 彼得是三位在山上目擊耶穌變像的門徒之一。在最後的晚餐裏，耶穌表示他要離去。矢志跟從的彼得甚至說「我願意為你捨命」(約十三37)，但幾個小時後，彼得卻在園子裏三次說：「我不認識他〔耶穌〕。」

在那個星期天，七日的頭一日，如果你問彼得和其他門徒：「好的開始是成功的一半嗎？」他們必定會苦笑。所以，我們可以想像：如果馬利亞來到墓地，仍舊看見耶穌的身體；她膏抹了祂的屍體，再回去告訴門徒，主好像是安詳地睡了一樣。他們必定會沉默、沮喪和無奈。打魚的打魚，作買賣的作買賣，收稅的收稅，他們一定呢喃著：「好的開始是成功的一半？」他們一定對自己、生命和一切都感到無奈。不是嗎？有甚麼「開始」的可能？外在的因素固然不能控制，就是自己也不全然可靠。

但在七日的頭一日，當馬利亞來到墓前，墳墓卻是空的。她首先的反應是最正常和合理的——必定是有人把耶穌的身體偷走了。她跑去找了彼得和那個門徒來。他們進到墳墓裏，沒有看見耶穌的身體，卻發現耶穌的裹屍布和頭巾都在原處。然而，有哪一個盜墓／屍者會花時間先解去這些布，挪去屍體，再將布妥善地放好呢？只是門徒「還不明白經上所說：『他必須從死裏復活。』於是兩人就回家去了」。他們回去後作甚麼？心情如何？約翰並沒有說。我們卻知道仍在墓地外的馬利亞接著的經歷（約二十11～18）。

馬利亞遇見復活的主的過程，歷來解經者都有許多討論。許多耐人尋味的細節，一直為研讀聖經的人所探究。為甚麼馬利亞不能認出耶穌呢？是因為天太黑，光線不足之故嗎？是因為馬利亞的淚水使她的視線模糊嗎？為甚麼知道是耶穌後，馬利亞不能觸摸祂的身體？我們無法為這些問題提供簡單的答案，而約翰要告訴我們的，也許是耶穌的復活與拉撒路的復生明顯有別。套用保羅的語言，耶穌復活的身體，是一個榮耀的身體。

儘管我們不能完全解答這些問題，有一點我們倒是清楚得很：經過這個相遇，馬利亞完全改變了。馬利亞辨識耶穌的呼喚──「馬利亞！」──就好像羊聽到牧羊人的聲音那樣嗎（約十16）？當她離開墳墓再到門徒那裏的時候，她已經有新的開始了。不多久以前，她還哭著說，他們把主從墳墓裏拿走了。現在，她說：「我已經看見主了。」

事實上，世界並沒有太多的改變。當時的猶太人仍然繼續逼迫耶穌的跟從者，彼得還是那個曾經矢志跟從但又卻步的彼得，而其他的門徒甚至似乎不知所終，但馬利亞卻有新的開始。一切從復活開始，一切從復活的主開始。

也許我們可以放遠眼光，那便可以看到約翰福音二十一章所記載的彼得。三次不認主的彼得，三次回答復活的主說：「主啊，你知道我愛你。」而復活的主向他說：「約翰的兒子西門……你牧養我的羊。」從那天的相遇起，彼得就開始了新的生命。一切從復活開始，一切從復活的主開始。

我們甚至可以將眼光再放遠一點，看看使徒行傳一至八章，想想那些四散的門徒怎樣走出恐懼變成勇敢的宣講者、甚至是殉道者。一切從復活開始，一切從復活的主開始。我們回想保羅的改變，他的生命是從大馬士革那天遇見主開始：「掃羅！掃羅……」一切從復活開始，一切從復活的主開始。

整部新約聖經都是從復活的角度寫的，而我們的生命也需要從復活的角度開始。雖然世界表面看來並沒有太多改變，正如保羅在羅馬書所言：「受造之物，一同歎息勞苦，直到如今。」(羅八22) 這是基督徒也不能倖免的。而事實上，就在我們的生活裏，還是有許多的因素、條件，是我們不能控制或改變的。我們還是得面對種種現實和限制，就好像早期教會要面對困苦、饑餓、刀劍、逼迫、赤身露體一樣。但如果我們可以像保羅所言的：「誰能控告上帝所揀選的人呢？有上帝稱他們為義了。誰能定他們的罪呢？有基督耶穌已經死了，而且從死裏復活，現今在上帝的右邊，也替我們祈求。」(羅八33～34) 也許我們可以和保羅一起說：「有甚麼可以使我們與基督的愛隔絕？」也許我們可以像馬利亞、彼得、使徒、保羅和其他許許多多的基督徒一樣，開展一個活潑的新生命。這一切必得從復活開始，從復活的主開始。

相信、再相信

約翰福音二十章19至31節
復活後第二主日

耶穌對他說：「你因看見了我才信；那沒有看見就信的有福了。」

門已經關上了。

這是難以理解的情景——門徒竟躲在關上的門背後。馬利亞不是早已經告訴他們耶穌復活的消息嗎？可能是女人的見證不足信，所以他們仍舊躲藏吧。耶穌不是早已告訴他們一切將要發生的事嗎（約十三～十七章）？可當前發生的實太震撼了。

儘管他們知道了，但復活的消息和知識，未必就能盛載門徒當前所面對的情景。畢竟，從腦袋到心並不是一個短的旅程。也許他們曾經有許多的經歷：嘗過耶穌用水變成的酒、看見那患病三十八年的人因耶穌的醫治而痊癒、吃過那使千人得飽足的五餅二魚、看見耶穌在風急浪高的水面上行走、見證耶穌醫好那生來失明的朋友和使拉撒路復活等等。但在這個傍晚，他們還是躲在門後。他們不是不相信，而是害怕，害怕當前的威迫——猶太人（約二十19）。

我們不必太快責難他們。在聖經所載的歷史裏，不也是有許多不是不相信，但卻亦害怕、甚至懷疑的人嗎？亞伯拉罕、約伯、以利亞、哈巴谷等等。我不知道你們的經歷如何，我就未曾見過一個從不曾害怕或疑惑的兄弟姊妹。事實上，我們不也是曾知道不少、經歷許多嗎？復活節不也剛是上週的事嗎？但我們每一個人不也都有自己的原因，把自己關在自己的「門」背後嗎？我們不是不相信，只是我們也害怕和懷疑。

究竟門徒害怕甚麼？他們害怕，也許是因為他們已無奈地接受了釘刑和死亡已經徹底地擊敗了他們的主耶穌。他們之所以害怕猶太人，也許是害怕自己將要重蹈耶穌的覆轍。這對於今天的門徒（你和我）而言，也是不難理解的。前幾年美國「合眾社」(Associated Press) 的調查顯示，超過八成的人心裏都有各種各樣的害怕（那時還未發生「九一一事件」）。是的，我們承認我們害怕。我們憂鬱、戰慄、害怕：為著我們的考試、工作、身體、所愛的人、家庭、社會的局勢。就好像門徒躲在門後分擔或「分享」害怕一樣，我們也同樣在門後害怕。

正當門徒在「分享」害怕的時候，耶穌卻來到他們中間，向他們說：「願你們平安。」說著，還向他們展示祂的手和肋旁，正是表示祂已經勝過死亡，這並不是幻象；同時亦表示他們所害怕的，其實並沒有終極的能力（羅八31）。

然而，耶穌的顯現，耶穌向他們說的平安，更是再一次提醒門徒，祂還是那位鍥而不捨、不離不棄的好牧人（約十章）。門徒的害怕是真實的，我們的害怕是真實的。門徒躲起來，我們退縮，但主並沒有責難門徒，祂也沒有責備我們。祂只是邀請我們相信、再相信。在某些日子裏我們需要接受嚴厲的責備和提醒。但在這個傍晚，耶穌來到這羣戰慄、沮喪、退縮的門徒當中，邀請他們相信、再相信。

但門徒中有一個叫多馬的，那天傍晚並不在門徒當中，錯過了耶穌的顯現。像多馬這樣未曾看見耶穌顯現的，又可以怎樣相信、再相信？你聽聽多馬的話：「我非看見他手上的釘痕，用指頭探入那釘痕，又用手探入他的肋旁，我總不信。」(約二十25) 你聽聽四周你的弟兄姊妹的話：「如果我仍找不到工作，工作仍是如此不如意、資產仍是負值、身體還是那麼虛弱，成績還是那麼不濟、關係還是那麼惡劣、所代禱的人還是絲毫沒有改變，試問我們可以怎樣相信、再相信？！」也許就在此刻，你心底裏也冒出像多馬一樣的抗議。

你可以怎樣回應多馬的抗議？你可以怎樣回應你的弟兄姊妹的心聲？

我們可以禱告、拍拍他的肩膀、給他寫一張卡、凝視著他、依舊在他的身旁聽著他的心聲甚至抗議。也許我們能作的也就是忠實地、安靜地在我們弟兄姊妹的身旁，凝視他們，繼續讓他們倚靠和說話。門徒可以說甚麼、能說甚麼？他們可以解釋耶穌的復活嗎？他們可以代耶穌將釘痕和肋旁顯示給多馬看嗎？不，他們只能安靜、謙卑地等待主自己工作。

「我非看見他手上的釘痕，用指頭探入那釘痕，又用手探入他的肋旁，我總不信。過了八日……」(約二十25～26) 他們究竟如何度過這八日？這是何其難過的八日？每次門徒相聚的時候，多馬一定會抗議說：「我非看見……」你記起周邊也有這些弟兄或姊妹嗎？他們抗議，八日、八個月、八年。他們怎樣度過這些日子？

「過了八日」，約翰沒有記載任何辯論、任何解釋(對比約伯和幾位朋友就信仰難關的爭論)。也許我們在約翰的記述裏看見教會／信仰羣體重要的一面。一個羣體、真正的羣體，必須容許懷疑。因為每一個人都有困難和懷疑的日子。如果上帝的羣體都容不下懷疑，還有哪裏可以容得下呢？只有容許和接納懷疑的羣體，才能讓主親自觸摸和工作。只有在這樣的羣體裏，耶穌的跟從者才能相信、再相信。

對於多馬而言，與主相遇的那天，也並沒有如他所期望那樣解決他的疑惑。他並沒有「用指頭探入那釘痕，又用手探入他的肋旁」，他只是說「我的主！我的上帝！」畢竟，信仰並不能單單建立在難題是否得以解決之上。信仰不是數學方程式，生命也不是填充題。「用指頭探入釘痕和肋旁」並不能讓多馬經歷主，「用指頭探入釘痕和肋旁」並不能讓人相信、再相信。

神學家盧雲生前愛好頗多，他對馬戲，特別是空中飛人，尤其有興趣。他結識了世界著名的空中飛人表演團「羅利飛行家族」(The Flying Rodleighs)，並深入了解表演者間的默契和關係。盧雲常想，在萬千觀眾上空飄盪的表演者，怎可以離開橫杆，讓在另一條杆上的拍檔在空中抓接他呢？「羅利飛行家族」的人告訴盧雲，那在空中的飛人必須等候他的拍檔，他必須以絕對的信心(absolute trust)，等候他夥伴強而有力的手。他不能作任何事，他要有的就只是絕對的信心。

在一幢著火的房子前，父親看見站在窗前等待救援的兒子正焦急地哭泣。「兒子，我可以看到你。我就在你的下面。你儘管跳下來吧。爬上窗邊跳下來，我會把你接著。」「爸爸，我想跳，可是我看不見您呀！」小孩兒無助地叫道。「孩子，我知道你看不見我。沒關係，我可以看見你。跳下來吧。」那小孩一躍而下，正落在父親的懷抱裏。

對於飽受生活困擾，既不明何去何從、又不知有何可為的人而言，「信」就是絕對地依仗愛我們、並以手臂接納我們的主。新約另一書卷的作者說：「信就是所望之事的實底，是未見之事的確據。」(來十一1) 不錯，是絕對的信靠。

然而，我彷彿聽見你仍然低聲喃唸：「門徒才真幸福哩，可以看見主。難怪他們可以相信。」我不打算再用我的說話幫助你，因為我心底裏有時候也和你一樣喃唸。我只是想和你一起聽聽復活的主向多馬、也是向我們所說的：「你因看見了我才信嗎？那些沒有看見就信的人，是有福的。」(新譯本；約二十29)

回應〈相信、再相信〉

李廣生 信義宗神學院教授

很喜歡這篇講章。

「門已經關上了」，開首這短短六個字，就足以扣人心弦，引起讀者或聽眾的興趣。

論到內容信息，從講道經文出發，由門徒自己的經歷開始，再看到舊約人物，又回到現代生活實況，不單不落俗套，反倒一針見血地指出：即使是相信的人，也會有害怕或懷疑的一刻。講員喚起了聽眾的共鳴，贏得了他們的信任。他沒有出言責備信徒的不信、害怕或懷疑，也沒有責怪信徒對懷疑者的拒絕或自義，卻讓聖靈親自作成祂的工。就在此際，講員宣告耶穌臨在和問安的福音：主沒有責難，只有邀請；對昔日在困難和懷疑中的門徒如此，對今天的基督徒也是如此。講員不但肯定在困難和懷疑中的門徒，他更提醒基督徒的羣體也當像他們的主那樣容許和接納懷疑，使有困難的人可以在其中親自經歷主，以致能夠「相信、再相信」。

最後，講員以盧雲和空中飛人「羅利飛行家族」，以及火場中父子的兩幕對話作雙重例證，以申明聖經所謂的信心是排除萬難和絕對的信靠。這連環出擊的做法叫聽眾印象深刻、不易忘記，清晰地聽到講員謙恭誠意的邀請：「相信、再相信」。

回應〈相信、再相信〉

施翩翩 北角浸信會會友

很喜歡聽牧師講道，他的講道內有「真味」。

在牧師還未當我們的顧問牧師之前，偶與兄姊談及牧師的講道，都不約而同有同一感受——很真、很動人。記憶尤深的那一次講道，講題我已忘記了，只記得內容圍繞他在神學院受教的情形，他不諱言自己在成長中的驕傲與幽暗面，帶給我很大的震撼。另一次，他提到面對父親的死亡，他那一時不能接受現實的情況，叫人動容。我想，我之所以記憶尤深，並不是因為窺見了別人生命中的一頁，只是我相信這樣真摯的分享最能進到人的心坎中，亦能因之而叫人去省察自己生命中的種種，叫人真實地去面對自己、面對信仰。

那一種真，從敢於與信眾一起反思生命本質的坦誠而來。

牧師的講道，容許我們對信仰存疑。牧師曾經說過：「一個真正的羣體，必須容許懷疑。因為每一個人都有困難和懷疑的日子。」這我是十分感謝的。為甚麼不說同意而說感謝呢？因為我自己是一個常常將懷疑之火速速撲滅的人，生怕別人揭穿自己的小信。最難捱的是一些古怪想法如：「其實神是否真的存在？」會無端而至，挑戰我。那種感覺真不好受。

但原來懷疑只是一個起點，而並非不能解的局面。牧師明白人常在心裏暗暗地歎息信心不夠，對信仰卻步，對沒把握的前路感害怕，可他並沒有硬生生地大聲疾呼：只——要——信！而是與我們一起去禱求，並告訴我們，只有容許和接納懷疑的羣體，才能讓主親自觸摸和工作。

那一種真，來自他與信眾一起切實地尋索信仰。

牧師是一位用生命去講道的牧者，總覺得他每一次的講道，都彷彿是與生命的一次對談，給人很多反思的空間……他説過，在崇拜之後，教會的門打開，會眾馬上要踏入他們生活的世界裏，他們會帶著怎樣的價值觀念和信念面對世界？我想，他在做的，就是把上帝國的價值與信念，帶到人心中。

我喜歡閱讀牧師的講章，他的講章，活人心靈。

教會從崇拜開始

使徒行傳二章42至47節

復活後第四主日

他們天天同心合意恆切的在殿裏，且在家中擘餅，存著歡喜誠實的心用飯……

有人說，香港教會的生命和事工正面對許多的考驗，其中一個挑戰就是崇拜的職事。然而，教會面對考驗，並不始於香港的教會。兩千年來的教會，沒有哪一段時間不用面對衝擊和考驗。教會一直都在歷史的長廊裏掙扎、調節、尋找、建立和更新她的崇拜。教會過去曾面對、今天也在面對、將來仍然要面對各式各樣的考驗。教會必須在考驗中學會如何忠心地宣講福音、育養她的會眾。

早期教會開始的時候是在會堂裏和猶太人一起聚集的，後來在會眾的家庭裏開始了基督徒的崇拜(新約裏的教會崇拜大都是這兩種形態)。在二世紀之始，教會承受來自羅馬政權的逼迫，聚會的形式和地點，也就作了相應的調節，往往轉至較隱祕的地點(如地下墓穴、山上洞窿等)。在四世紀羅馬帝王君士坦丁(Constantine)皈主以後，教會就從隱祕的地方出來，不僅公開地聚會，更將許多華美的殿宇和議堂改建成宏偉的教堂(如梵蒂崗的聖彼得大教堂）。隨後，教會開始興建莊嚴巍峨的座堂，以空間和華美的建築、並絢爛的象徵和嫻熟的儀文表述上帝的美善和偉大。教會已經從社會生活的邊緣轉至中心，這從歐洲的城市或火車終站附近大都有古舊的教堂可見一斑。

誠然，教會的掙扎並不單在於探索建築物或其它實物的形式。教會從不間斷地尋找適切的話語，以儀文、禮節、音樂等等表達福音的能力。我們知道形式（form）往往不能與內容（content）完全分離。所以，自宗教改革以來，從教會的建築到裏面的儀節，都經歷了明顯的調節：從莊嚴巍峨、強調上帝的神聖和超越的座堂，到著重上帝的臨近和親切的小教堂；從神職人員往往在人和上帝（聖壇）之間，到會眾與上帝之間除了十架便沒有其它「中保」；摒除一切禮儀，強調發自內心真摯心靈的教會（Free Church），認為聖經是上帝向人啟迪的基礎，也是人賴以明白上帝的途徑，講台也就自然放在中央。在過去十多年裏，教會崇拜已經超過了上述所陳列的變遷，不少教會在戲院、文娛中心、運動場、酒店會議室崇拜，而其中的形式也有不少變化。

以上這段回顧讓我們知道我們是歷史的一部分。事實上，我們必須知道這一幅更大的圖畫。不然，我們總以為我們是惟一面對考驗的時代和教會，我們也容易傾向誇大、甚至將我們所面對的考驗和所掌握的解答絕對化，以致忽略了問題的核心。我們既不能從歷史裏有所學習，又無法欣賞與我們迥異的形式和表達，更遑論有所更新和變化。近年就崇拜裏的音樂及模式之論爭，與此限制和偏隘不無關係。

從聖經的角度看，崇拜的精要在於是否能體會、表達和延伸上帝的同在，是否在其中互相建立造就。而聚會的形態和模式僅屬次要。使徒行傳二章42至47節就是一個最好的說明。使徒行傳在這裏所載述的，是早期教會的崇拜聚會，重點是崇拜者的態度和崇拜的元素，撰寫者並沒有著墨於崇拜的實務。在使徒行傳的記載裏，我們並不能得到禱告時應站著還是坐下的結論，更不要說是唱哪類型的詩歌，用哪種的樂器等等。

使徒行傳倒是清楚描繪早期教會聚會崇拜的情況：「他們恆心遵守使徒的教訓，彼此交接、擘餅、祈禱。」(徒二42)

「恆心遵守」所刻畫的是一個專注、等候、認真、鍥而不捨的羣體。對他們而言，崇拜是生活的中心，不是行程表上的一個約會，也不是早餐後、午飯前的一個活動。它所表達的態度是一個佇候、冀盼、熱切等待的態度。一俟得到，就讚嘆：「這正是我所等待的！」以致在過後他們立時又盼望下一次的來臨：「甚麼時候可以再有這個聚會？」這正是早期教會聚會的心態和感受，也可能是他們「天天」聚集的其中一個原因。從這個角度看，崇拜不僅是星期天某段時間的活動，而是每一天的生活態度。因為他們知道所期盼的，與他們的實際生活有密切的關係，更準確地說，是生命的盛載。

對於早期教會的崇拜經驗，有沒有貼切的類比可讓我們能有所體會呢？也許世界杯是個類似的經驗。四年一度的世界杯，正是許多人佇候、冀盼、熱切等待的運動盛事。三十多天後，許多人會讚嘆其中的賽事，而在過後，他們就開始另一輪的等待。只是早期教會對崇拜有更大的熱情和盼望。我們等候世界杯是期待高水平的賽事，但早期教會所等待的是能解釋他們生命、來自上帝的聲音，是塑造他們生活價值觀念的生命之道。

如果世界杯足以讓人廢寢忘餐，甚至叫許多的青少年在賽事進行期間在球場穿上心儀的足球員球衣、模仿他們的技術，早期教會的崇拜就能讓他們凡物公用，將上帝的話語和期望延伸到日常的生活裏。他們所等候和經歷的，是能夠盛載和幫助他們面對生命的。正如足球員在更衣室聽完了教練的訓示，便馬上跑到場上開始比賽。早期教會就在崇拜裏接受訓示，只待門一打開，他們就出去比賽。因為他們已經聽到了上帝的聲音，知道上帝要藉著他們的生命彰顯祂的心意。教會確實是從崇拜開始。

不錯，上帝不僅在崇拜中說話，祂也可以在我們個人獨處時向我們說話。然而，上帝話語的表述，教會裏最能顯明(從另一個角度說，對我們而言，最能助我們吸收和掌握上帝話語的地方正是教會)。在傳遞使徒教導、擘餅記念基督、羣體相處和禱告的時候，教會聽聞上帝的聲音。所以，崇拜是塑模基督徒生命的時候，崇拜是給予基督徒遠象的時候。教會從崇拜開始。

當教會的門打開之際，也是見證教會是否聽聞上帝聲音的時候。「眾人都懼怕……得眾民的喜悅。」(徒二43)在尋索崇拜模式的討論裏，也許最值得教會再三思量的，不僅是崇拜「裏」的形式，因為它們都不是最能量度崇拜的準則。教會應該尋問的，是在崇拜之後，當教會的門打開了，會眾馬上要踏入他們的生活裏去，他們會帶著怎樣的價值觀和信念面對世界？在這個主日崇拜和下個主日崇拜之間，決定了我們究竟是個怎樣崇拜的教會。如是我說，教會從崇拜開始。

回應〈教會從崇拜開始〉

郭恩沛 北角浸信會會友

這篇講章提醒了我崇拜的精要在於是否能體會、表達和延伸上帝的同在。聚會的形態和模式，僅屬次要。使徒行傳所載述的早期教會崇拜聚會，重點是崇拜者的態度和崇拜元素，使徒行傳的作者並沒有著墨於崇拜的實務。

我自己一直有參與教會崇拜的設計。我在敬拜部剛剛成立的時候，為著了解崇拜的意義，與部員們時有小組溫習及研討，探究崇拜在聖經中及在教會歷史中的發展。就是自己作主席或崇拜帶領時，所作的預備，也往往偏重了詩歌的旋律、樂器伴奏的安排，流於「實務」，卻忽略了「態度」。可是在這篇講章中，我發覺敬拜的重點不是實務，這對我來說真有「一言驚醒夢中人」的感覺。

以前曾經有一段時間，很不願意接受一些「新潮」的詩歌，也不願投入年青弟兄姊妹的唱詩方式。我記得幾年前自己曾為著教會更換電風琴而與牧者有一段激烈討論。這篇講章正正提到，使徒行傳的作者沒有著墨於崇拜的實務。現在看來，過往倒有點本末倒置了。

這篇講章也提醒我，崇拜應該是塑造基督徒生命的時候，在兩個主日之間的日子，決定了我們究竟是個怎樣崇拜的教會。多少時候，我在日常工作崗位上，忘記自己是上帝的女兒，上帝一直帶領我，祂同時亦時時刻刻希望我能活出祂的話語。可惜自己往往只是一位「聽道專家」，而不是上帝的道的跟隨者。感謝上帝，今天的信息再一次說出，教會是從崇拜開始的。

信仰之難

使徒行傳十七章16至34節

復活後第六主日

保羅在雅典……眾人聽見從死裏復活的話，就有譏誚他的；又有人說：「我們再聽你講這個吧！」於是保羅從他們當中出去了。但有幾個人貼近他，信了主……

保羅在他第二次宣教旅程的時候，來到希臘的雅典——當時世界其中一個重要的城市。雅典是古代的名城和大學城。儘管在新約的時代，雅典已經不復公元前四、五世紀般光彩，但仍是當時希羅世界的思想文化中心，就好像羅馬是政治中心、哥林多是商業貿易轉口中心、以弗所是宗教和旅遊中心。

古今中外的城市各有自己關心的議題，一些能幫助他們詮釋身處的世界和對應生活的議題。在羅馬，有關凱撒、元老院的關係也許至為人所注意。在商業貿易發達的哥林多，人所關心的可能就是財富和成功。在某些偏遠的地方，人所關心的可能就僅是充饑解渴的食物和水。

在雅典城裏，人也有他們的關注。自公元前五世紀開始，雅典就成為探求知識和真理的象徵。雅典的歷史和文化傳統，匯聚了尋索知識和意義的人。這些人討論、辯說、爭議，尋索不同的答案，願意聆聽迴異的建議。在眾多的學派裏，如使徒行傳所顯示，有珍惜現今生命而輕視死亡的伊壁古羅派，也有謹慎自守、循規蹈矩的斯多亞派。

尋索真理的人總有許多共通之處。正如保羅在亞略巴古的宣講裏所引用的諺語和詩句，乃出自外邦世界的哲人之手。而保羅之引用，正要說明基督信仰與所有關心生命、尋索真善美的人，其實頗有共同的關注。

不過共通並不能保證甚麼。儘管有共同的關注，但人仍不能免卻相異的結論，而至終要分道揚鑣。要梳理出基督信仰和其他信仰和精神的共通點並不困難；問題的癥結在於如何面對共同點之外的分野。這正是信仰之難。當保羅在他的宣講裏提及死人復活和審判的時候，他已經從共通處轉至臨界點。這是信仰之難的所在。對講的人而言，他必須甘冒這個被拒絕的險。對聽的人而言，他將要接受這個可能翻天覆地的信息。

這委實是信仰之難。對一般的人來說，認同基督教的立場是困難的，其難處不在於承認基督信仰是「好」或「導人向善」的宗教，也不是難在承認「人生需要一個寄托或歸宿」或「人生活在世需要靈性導引」，亦不是難在承認人應該有好的品行，甚至不是難在承認人是有限制和邪惡的。

信仰之難，難在相信耶穌從死裏復活，並將一切生活的價值和基礎建立在這個從死裏復活的耶穌身上。信仰之難，難在承認耶穌是上帝與人之間惟一的橋樑，天地間獨一的路徑，並在祂面前承認自己是個罪人。

為甚麼這樣難？是因為這樣的信息不理性嗎？可我們見到有更多不理性或超理性的，還不是廣受歡迎嗎？坊間所說的「環境心理學」，或基於統計，或基於心理，間或有講得過去的。但養幾條魚(特別是某種魚、特定的數目)就帶來生活甚至生命的改變，這不是很匪夷所思但卻很讓人受落的觀點嗎？放置某些礦物就能改善生活的想法，據說有磁場理論的支持。但放置的人，有多少知道或計較這些理論的真確性？這又有多理性？

為甚麼這樣難？是因為基督教的信息太主觀嗎？但不少參加「動力」課程的朋友，儘管他們對自己的生命了解和所知的不多，但在課程裏被鼓動大嚷「我做得到！」因而對生活前景境充滿盼望，難道這不主觀嗎？沒有甚麼比人倚靠自我的能力和感覺來得更主觀的了！

為甚麼這樣難？是因為這是迷信？然而每逢節日便往廟裏擠，冀望插得頭柱香的人，當中有多少個知道所膜拜的神祇出自哪一個朝代，行過哪些事迹？有比這樣的參拜更迷信的嗎？

故我看信仰之難並不在於上述幾點。我認為信仰基督之難，在於基督信仰不可以論而不行、不可以說而不作。我認為信仰之難，在於基督信仰要求人放下自我。我認為信仰之難，在於它要求我們付上代價。

耶穌基督不僅是從死裏復活，祂更是生活和生命的主宰。這是信仰之難的所在。耶穌基督不單只是賜平安的上帝，祂也是審判、主導、帶領和要求的主宰。在講求個人心安理得的前題下，向生命以外的對象交代是匪夷所思的。在強調「作回自己」(be yourself)的口號下，承認生命的主權不在自己的手裏是難以想像的。在動輒以「緣起緣盡」為開始或結束關係的時代中，誠實面對自己的行為引致的結果和責任，也不是容易的，更遑論尋索生命主宰的心意了。

在這個世代裏，「我」和「我的……」就是衡量一切的準則。我的感覺、我的成就、我的計劃、我的次序……要承認上帝已經來到世界，並且從死裏復活，成為所有人的主宰，是困難的。要認同力不從心並不困難，我們常常「想作的不作，不想作的反倒作了」，但要把這說成是罪，那便是大大的困難。

人可以站在一個安全的距離肯定基督教的價值。在困難的時候禱告也是自然不過的。在節日裏到教會參加聚會固然不罕見，在頸項上繫上十字架鍊子更是常見的事。但致力尋求上帝的心意，並堅持上帝是生命的主宰，是我們需向祂負責的對象，這便完全是另外一回事。相信上帝愛自己並不太困難，但認同上帝同樣愛其他人，卻必得付出相當的代價。

這是信仰之難。無怪乎保羅宣講之後，就只有幾個人以積極的態度作出回應。這段經文對我們又有甚麼意義呢？如果保羅在雅典宣講的效果也不過如此，我們現在亦不必驚訝今天我們在香港所見到的處境和反應。如果保羅的宣講見證了耶穌基督的復活，我們的生活應該同樣能見證耶穌基督的復活。我們的生命要見證這位復活的主，我們的生活說明了有更高的「標準」和「需向之負責的對象」。

最近在一個電台節目裏，聽到節目主持就近日社會自殺風氣作出評論，並就教會的相應服事和信仰的感召表示欣賞和認同。誠然，在宣講復活信息的時候，無疑總會有人(甚至許多的人)覺得匪夷所思。但就在一哄而散的當兒，卻有些人走到保羅面前說：「你可以再多說些給我們聽嗎？」

眾人聽見從死裏復活的話，就有譏誚他的；又有人說：「我們再聽你講這個吧！」於是保羅從他們當中出去了。但有幾個人貼近他，信了主。

回應〈信仰之難〉

關啟文 浸會大學宗教及哲學系教授

我基本上很認同孫牧師的訊息，信仰之難，難在它對人的挑戰，難在它要求人付代價。既然如此，我們是否就只能忠心傳福音，並全心祈求和等候聖靈在人心中工作，其他的就不用多想和多做呢？我想也不是，我想有幾方面是可以同時進行的。（以下所講的，孫牧師應不會反對，我只是作一點補充。）

（一）

如孫牧師後面提到，有些人看到教會關心自殺風氣，所以開始欣賞信仰。一方面，我們肯定人的罪性彰顯於人的自我中心，若要人擺脫自我中心，全心以神為主，的確不容易。但另一方面，我們也知道人是照著神的形像做成的，也是為著基督而做的，亦即人有靈性和道德的要求，而且這些向度只有在完全順服神的關係中才能得到圓滿的發揮。簡而言之，人的心靈有永恆和真善美的向度，一旦我們能讓人明白完全順服基督的人的生命是那麼圓滿和美麗，有些人也會生發追求信仰之心。當然，達成這點不是單靠空洞的說話，而是倚賴具體的生命見證。以教會面對SARS的表現為例，一些基督徒醫生的忘我和忠心服事（如謝婉雯醫生和沈祖堯醫生），已搏得社會人士的讚賞，這是一種很好的福音預工。不單如此，沈醫生曾分享，他沒有開口向病人傳福音，但一些病人看到他們的榜樣，自發地歸主了。

（二）

我們也要深思，為何希臘人聽到死人復活的事就開始譏諷保羅呢？這是因為在希臘人的世界觀裏，這種事情是不可能的、不可思議的。的確，很多風水理論從科學角度來看是難以置信的，但我們不可忘記，在我們的文化裏，風水之説有傳統中國玄學作為後盾，使香港人覺得風水之説並非無稽之談。相反，基督教的原罪、救恩和三位一體等思想，對中國人來説，可能比風水更難令人接受呢！當然，解決了理性或世界觀的疑難，人們也不一定信主，但若解決不了，他們可能連聽福音的耐心也沒有，就如那些退去的希臘人一樣。雖然在這情況下仍有一些人貼近保羅，但我估計，假若有機會讓那些退去的人明白復活的可能性和根據，或許當中也會有一些人願意信主。事實上，很多歷史學家指出，初期教會最後成為西方文化的主流，取代了希羅文化，不單是因為殉道士的血，也是因為教父們在思想上的工作比希臘哲學家優勝。

所以我們不應低估理性的疑惑對信仰基督所構成的攔阻，也應努力做護教和基督文化的工作，使基督教信仰在中國文化中生根，讓更多人明白福音是可信的。這樣做應該可以為一些真誠的信仰追尋者減少障礙。無論如何，信仰都是難的，但我們作為福音的使者，應盡量把這難度減低，使更多人可以到主的面前。

傳道的教會

使徒行傳二章1至21節

五旬節主日

五旬節到了，門徒都聚集在一處。忽然，從天上有響聲下來，好像一陣大風吹過，充滿了他們所坐的屋子，又有舌頭如火燄顯現出來，分開落在他們各人頭上。他們就都被聖靈充滿，按聖靈所賜的口才，說起別國的話來……

我相信近年來眾教會最熱衷討論的其中一個問題是：「聖靈的能力是怎麼一回事？甚麼樣的神蹟奇事會在今天的世界裏發生？」說句實話，究竟甚麼才是聖靈的恩賜？香港浸信會神學院每年的畢業班同學，都會在最後一個學期選定一個研究題目。在我任教的十年裏，幾乎每年都有同學探討聖靈和教會的關係。有些同學將聖靈的能力與教會的增長關連起來，也有同學指出聖靈的工作與奇特的經驗不能分開。究竟聖靈的能力和恩賜是怎麼一回事？在五旬節主日，這個問題更見實在。

根據創世記一章的記述，「起初上帝創造天地……上帝的靈運行在水面上。上帝說：『要有光』，就有了光。」按此，上帝的靈的能力和表現是「話語」，是那創造、雕塑、加力的「道」。事實上，受造的萬物，都是由上帝的道所創造的。

在使徒行傳二章，我們看見早期教會的見證和他們經歷上帝的靈的能力。我們讀到聖靈「舌頭如火燄」般，降落在早期基督徒身上。接著，這些基督徒披戴著聖靈的能力，就說起別國的話來。教會在聖靈降臨的時候誕生，就好像萬物由上帝的道而生一樣。早期基督徒的特徵是他們有聖靈的能力。而根據使徒行傳，聖靈的能力就是宣講的能力。他們的宣講不是人所不能明白的語言，而是人人皆能接收和明白的。

前幾年的一個夏天我在台北開會期間，讀到報章副刊內讀者投稿的一篇短文。作者自小就立志要當記者。大學考上了傳理系，她朝著這個方向實踐理想。畢業後她果然當了記者，跑在前線採訪新聞。學以致用，可謂夫復何求。不過一次的意外使她失去了聽和說的能力，但她一向表現出色，所以報館還是留住了她。雖然不能當前線採訪工作，但她仍能在檔案室作後勤支援和配合的工作。然而，好景不常。台灣發生的一件大事，使她從夢中驚醒。一件社會的事件，使報館上下出動，要第一時間採訪，將新聞搞好。前線的自然出勤採訪，後方的就要在檔案室整理配合。在分秒必爭的情況下，同事衝到檔案室要找資料。在平常的日子，這位女士的工作還處理得好，寫寫條子或甚麼的，便能彌補了她的缺陷。但在急忙的時候，一下子所有事情都亂起來了，她既不能聽也不能講，溝通就更顯得混亂。最後同事們乾脆自己在檔案室找起資料來。事後檔案室猶如戰場一般淩亂，這位女士知道自己不能聽不能講，實在應付不了報館的工作。她開始思考是否應該繼續留在報館。她感覺自此一役之後，似乎每一個人對她的態度都有極大的改變。她覺得同事好像總是在背後指指點點。最叫她難過的，是同事甚至沒有邀請她參加報館每週舉辦的聯誼活動。

一天，她準備將早已預備好的辭職信遞給上司的時候，經過聯誼室的房間。她在門外猶豫掙扎，心想：遞了信就走，也算是各不相干，但她心裏同時也有不甘。可這一進出，難免會尷尬異常。也許他們正在跳舞、吃東西、才藝班等等。該不該進去呢？最後還是吸了口氣，把門推開。一看，先楞了愣，慢慢淚水從眼窩裏流出來。原來同事，上上下下的同事，都正在學手語。他們希望能學會手語，用這位同事能懂的語言把她留下來。

能說別人所能懂和明白的語言，是恩典，也是一種能力。

用人能懂的語言傳講上帝的恩惠，這是聖靈賜的恩賜和能力。但聖靈的能力不僅僅使人能說話和宣講，聖靈的能力還可使不太可能站出來說話的人站出來說話。這是聖靈的能力，這是不折不扣的神蹟。試想想彼得和其他門徒，他們在耶穌被拿和被釘的那一天全都逃之夭夭。根據路加福音的記載，耶穌被釘的那天下午，十字架下除了婦女以外，並沒有其他跟從者。耶穌受審和被釘的時候，門徒有說過甚麼嗎？我們記憶所及，當時只有一位門徒說了一句話，那是彼得的聲音，他說：「我不認識他。」一共有三次之多。聖經再次記述門徒說話，便是以馬忤斯路上那一幕，但那時他們的話語裏充滿了困惑、沮喪和失望。可是如今他們卻站起來說話，這豈不是聖靈的能力嗎？不是神蹟嗎？這些人並沒有受過修辭演說訓練，也不是甚麼出名或顯赫的人物，他們不過是一世紀的小民。

雖然彼得代表門徒發言，但他不是惟一被賦予說話之能的門徒。事實上，所有的門徒都獲賜予這能力：「他們就都被聖靈充滿，按著聖靈所賜的口才説起別國的話來。」(二4) 顯而易見，在聖靈能力的覆蓋下，各人按著所獲得的恩賜作見證和宣講。也許不同的人有不同的口音、不同的風格。實際的情況如何，是超過我們的理解和想像的。總而言之，周遭的人卻能體會他們的經歷：「我們各人怎麼聽見他們説我們生來所用的鄉談呢？」

從這段經文我們可以看出，這聖靈的能力和恩賜是賜予在座每一位基督徒的。像早期門徒一樣聚集，我們蒙上帝賜予恩賜和能力，以致我們可以出去宣講和見證，讓其他人可以辨識我們生命裏的這股力量。

無疑，當人聚集在一起的時候，我們總需要一些像彼得、使徒或牧者的人站起來説話。然而，在人前來聚集以先，是在座的每一位被聖靈充滿和賜予能力。我們各人在各人的處境裏，用各人的風格和生命，以別人聽得懂的語言「傳講」福音。誠然，我們需要聚會。但傳道的教會並不是出於教會的福音聚會、傳道牧者或事工計劃，傳道的教會乃出於在座各人被聖靈所充滿、被賦予聖靈的能力。

我甚至相信，你們中間不少人所領受的恩賜和能力，比我所領受的還要更多和更大。我是個牧者和神學院老師，我每天所接觸的絕大部分都是基督徒。並且因為我身分的原故，大部分人對我還是蠻客氣的。老實説，我覺得自己是「受保護動物」。但大多數的弟兄姊妹卻在相對嚴峻的環境下工作，所面對的挑戰和衝擊也大。

一天清早，我約了朋友在商場裏討論一些工作計劃。時約早上八時，快餐店裏坐著許多趕在上班或上課前吃早點的上班族和學生。在讀報紙或溫習的人裏，我看見好些人邊吃早餐邊讀聖經。我想他們必定是趕在上班或上課前靈修。在家庭、學校或辦公室裏，他們可能面對種種不同的處境和衝擊。他們的見證，將會顯示他們所領受的能力。

最近我探訪一位會友，他和我分享他信主的經過。除了他自己的經歷，他的一位基督徒下屬對工作的責任感和態度也是他對基督信仰產生興趣的誘因。雖然這位姊妹從來沒有向他「傳」過福音，但她確實是用別人所能明白和體會的語言表達了信仰。這是聖靈能力的明證。

所以，你每天在市場買菜、在家裏做飯或照料孩子、忠心的事奉，表明你有聖靈的能力和恩賜。每天當你進入教室裏教導學生，你的恆心和忍耐顯示你有聖靈的能力和恩賜。當你真摯地關心和勸導你的朋友，你的生命便體現了聖靈的能力。

回到今早的講題：傳道的教會。我希望你能明白，並會為自己和弟兄姊妹禱告：你們能用別人所能明白和感受的語言表明福音的能力，不論是在家裏或是工作的地方。你們每一位的生命將使北角浸信會成為一所傳道的教會。

上帝的創造、創造的上帝

創世記一章1節至二章4節

三一主日

起初，上帝創造天地。地是空虛混沌，淵面黑暗……
上帝説：「要有光」，就有了光。

在公元前六世紀，距今約二千六百年。以色列人被擄至巴比倫，過著寄人籬下的生活，已經有好一段日子。戰敗之身在異域，以色列人不啻是活在水深火熱中。統治者告訴以色列人，他們被巴比倫人壓迫、蹂躪和踐踏，清楚説明巴比倫人的神已經擊敗了以色列人的上帝。在這種處境下，也許有不少以色列人慢慢被這個講法影響甚至征服。試想想，他們身處在異地受盡別人的欺凌和譏笑，而他們所思念的家鄉、象徵著上帝同在的聖殿，卻只是頹垣敗瓦。他們不禁想：「真的有上帝嗎？是祂已經被打敗了？還是祂棄我們於不顧呢？」

人是惟一能發出這類質疑的動物。生命究竟有甚麼意義？生命的源起又是怎麼一回事？在困境裏的人就更會發出這樣的問題：

我為何落入這個境況呢？為甚麼會有我呢？

眼前一切都一塌糊塗、混沌荒謬，是甚麼一回事？
究竟人從哪裏來，要往哪裏去？

這是國破家亡和被擄到巴比倫的以色列人心底的問題；這也是每一個在艱難困局裏的人的呼喊。

以色列也許聽過不同民族就天地由來的傳說。他們必定聽過巴比倫人講述天地和人類的起源。按巴比倫人的傳說，在最早最早的時候，就只有兩潭水，一是甜水，另一是鹹水。這兩淌水分別孕育了兩幫神。這兩幫神是相互敵對的，常常彼此衝突爭鬥。終於，在一次的爭戰裏，其中一幫神擊敗了另一幫神，並拿戰死者的肢體造成這個天地並人類。後者自然就成為這些神的奴僕。簡言之，根據這些傳說，天地和人類的造成，是不折不扣的意外；既毫無意義，也沒有目的和方向。自然而然，在這個世界裏，生存之道就是爭取權力和能力。

以色列人不能接受這樣的看法。對於天地和人類，他們有獨特的看法和價值觀。我們不完全知道他們從哪裏獲得這個獨特的看法。他們對天地和一切源起的信念，也許是源自摩西，甚至更早的時候。無論如何，他們對宇宙世界的理解，並不是建基在觀測和演算之上，更不是從宇宙學、天文學、地質學、生物學、物理學、量子物理學等等的學科而得的結論。我們今天所討論的這些學科，是二千六百年前的人所不知、也不感興趣的。他們所發表的不是科學報告或理論，他們所宣告的是信念和崇拜：

起初，上帝創造天地。地是空虛混沌、淵面黑暗……上帝說：「要有光」，就有了光……上帝看

著是好的……（創一1～二4）

以色列人不能確切知道、也不太過關心世界和宇宙被造的實際過程。他們強調的，是世界和人類的出現並不是意外，更不是諸神爭鬥的遺物。宇宙和人類源於一位創造的上帝。這一位上帝有計劃、有目的、有恩情地創造一切。被造的一切是祂所深愛的：「上帝看著是好的」。被造的一切，反映這位上帝的美善和設計。

第一日	光	第四日	光體
第二日	天	第五日	鳥和魚
第三日	地和樹木	第六日	動物走獸和人類

創世記既然是個宣告和崇拜而非科學報告，其中的意義也不能太過拘泥於字面意思。「日」就是一個例子。創世記一章裏的「日」，並不是由二十四小時組成的日。不然，地球的年齡就只有六千年左右而已，這與我們從地質學等學科得出的觀察和結論，實在有不可彌補的差距。其實創世記一章裏的六日創造，目的是説明世界的由來是有秩序、層次、目的和設計的。這一切只是説明，世界是源於一位有計劃、有恩情的上帝。(順便一提，雖然創世記一章並不是有關宇宙世界源起的科學報告，但它所指向宇宙和世界的「層次」、「設計」和「理性」卻與近年的天文學和相關的科學探索頗有重疊之處。這説明科學和信仰並不一定是敵對的，兩者實在可以相互豐富。近年不少基督徒科學家探討兩者的關係，有興趣的弟兄姊妹可閱近年廣受重視的學者Ian G. Barbour的著作，*Religion and Science: Historical and*

Contemporary Issues, Harper SanFrancisco, 1997。已譯成中文的有《當科學遇上信仰》。亦可按網址http://www.meta-library.net/bio/index-frame.html瀏覽這些科學家的專長和研究。)

創世記強調的，是這位上帝是從「空虛混沌、淵面黑暗」中整理、設計和創造世界的。創世記的目的不僅是宣告歷史中(甚至歷史和時間以前)的一刻，它更要成為當下的宣講。這一位上帝是創造的上帝，過去如是，今天亦如是。這一位上帝過去從空虛混沌、淵面黑暗中創造光明和美麗的萬物，祂可以、也必定在「空虛混沌、淵面黑暗」的被擄者中間施行創造和拯救。這一位上帝過去從空虛混沌、淵面黑暗中創造，祂可以、也必定創造和拯救那些生活在「空虛混沌、淵面黑暗」的人。從根本說，創世記不僅指向過去的「歷史」，它也是對應當下和未來的「福音」。

這位上帝不僅僅創造，祂還欣悅祂所創造的一切，無論是天或地、是湖海百川還是崇山峻嶺、是生物還是非生物、是鳥還是走獸，每一個創造、每一個種類，上帝總是「看著是好的」。創世記的宣告，叫人不得不珍惜萬物、尊重所有的事物和生命。畢竟，沒有一樣不是出於上帝的創造。若此，沒有人可以淩駕於別人之上，踐踏、剝削，甚至奴役上帝的創造物。同理，沒有人可以肆意開發或濫用資源而無視大自然的虧損。說真的，我們對環境的重視和別人的尊重，應該比近年廣受重視的環保和平等意識來得更早，只是長久以來對創世記的詮釋過於集中於與科學的糾纏，致使我們忽略了這方面的意義。

在上帝的創造裏，人被賦予獨特的恩賜和能力。在所有的被造物裏，人是惟一能與上帝對話的被造物，惟獨人被賦予「上帝的形像」。這並不是說我們的長相形格與上帝相似，而是說我們在大地之上所表現的生命、思考、創意、自由、責任和能力都是上帝的代表。猶如錢幣上的王像象徵管治，人披戴著上帝所賜予的恩賜，我們與大地和同伴和諧地生活則代表和實踐上帝的恩情和愛顧。因此，人的根源是上帝，他的生命的目標和終極的對象也是上帝，而非其他的權勢和能力，不管這些權勢和能力何等強大或吸引。

創世記宣告，上帝整個創造都是美好的。這並不是因為人類自身的能力和才幹。無疑，人被賦予獨特的能力，但除非我們能認識創造的上帝，否則，一切的才幹和能力並不必然會帶來「美好」。

去年冬天我在劍橋作研究，適值大學展出科學家牛頓(Issac Newton)的遺物。我在近距離觀看他的手筆札記，包括日常開支的帳目、觀測行星的記錄、數學推算的筆記和講義、信仰思緒的點滴等等。我想到在牛頓以前或以後，人類豐富的文化和文明不斷演進，心裏為上帝賜予人的厚賜而感動。然而，人往往只會顧盼自己的成就而未能準確掌握其中的根本。聰慧如牛頓，亦以為上帝創造宇宙和賦予其中的一切運作的條件後，便離棄祂的創造。牛頓認為人只要找出宇宙的規則和定律，便能締造出美好的將來，主宰人類自己的命運。

然而，十九和二十世紀的兩場世界大戰，並各地各族無數的大小戰爭，清楚顯示人類不僅應認識和探索創造，還必須認識創造的上帝，不然還是絕路一條。人類生命之美好，不在於認識和運用受造的一切和資源，而是在於認識創造的上帝。

回應〈上帝的創造、創造的上帝〉

郭鴻標 建道神學院神學系主任，張慕皚教席教授

孫寶玲博士的講章深入淺出，以高度學術的角度分析經文，抓緊經文中屬靈的精意，並對此作出詮釋，幫助當代基督徒對上帝有更深的領會。孫博士是出色的新約聖經學者，他將古代近東宗教文化、聖經神學、聖經的本質與權威、經文評鑑學、當代神學與科學對話等知識融匯在講章裏面，分析舊約聖經創世記一至二章，足見孫博士神學知識廣博。

孫博士將舊約聖經置於古代近東文化的搖籃中，並凸顯以色列人對上帝創造天地的信念與巴比倫的創造神話之間的強烈對比。他列舉創世記一章的文學排比：第一至三日與四至六日形成對比，並提醒讀者，聖經的本質並非一份科學報告，它的權威亦非來自科學理論，它是對上帝創造天地的宣認。孫博士從聖經神學中「創造由混亂產生秩序」的角度出發，將經文引申至神學層面，並輔以當代神學與科學對話的資料，惟一缺欠的，是沒有提及系統神學中「由無造有」(*creatio ex nihilo*)的觀念。在詮釋經文方面，他把握生命意義、神的形像等概念，引申至基督徒的生態責任、保護神美好的創造的使命。

孫博士的講章有豐富學術成分，同時有具體教育的重點，反映其學者與牧者身分的美妙結合。他這篇講章沒有

嚴格的分題，但講章內容一氣呵成，全無東拉西扯的毛病，堪稱講章的模範。若果要為這篇講章作回應，我認為嚴苛地要求講者兼顧每一個相關向度是不合情理的，事實上這篇講章意簡言精，將不同角度的看法濃縮整合，因此我只能就講章中一些生活應用部分加以演繹，作為我對這篇講章的回應。

講章提及人要認識創造的上帝，以致人懂得珍惜萬物、尊重所有人及生物的生命。近年世界倡導生態環保意識，提醒人不要肆意開發或濫用大自然的資源。不過，我們不能漠視那些先進國家言行不一的行徑，他們一方面提倡生態環保意識，另一方面卻將廢物、醫療及受污染的垃圾運往落後國家，只讓自己享受所謂的美好生態環境。當我們面對這種虛偽的口號、言行不一致的行為，我們無法不發出先知指責的聲音。講章中提及人的才幹和能力不是必然會帶來美好的影響，這是十分真確的。若果人沒有正視自身自我中心的實況，高談生態環保意識，也不過是只看見美化自己那葡萄園的重要性，卻忽略他人的需要。一個沒有上帝生命的人，他會將自己的快樂滿足建立在別人的痛苦上。正如先進國家利用貧窮地區作為處理受染污垃圾的場地，自己就享受其理想生活方式。因此，孫博士提醒我們要重視環境及別人，教導我們愛護環境及愛護鄰舍的道理。高談保護生態環境卻輕視鄰舍需要及感受，就如以剝奪他者的尊嚴來實踐對萬物的尊重，這是何等諷刺的做法！深願孫博士的講章能夠洗滌人心，使人歸向上帝。

生命工程

馬太福音七章24至29節；哥林多前書三章10至17節

五旬節後第二主日

所以，凡聽見我這話就去行的，好比一個聰明人，把房子蓋在磐石上；雨淋，水沖，風吹，撞著那房子，房子總不倒塌，因為根基立在磐石上。

某天我讀到一個牧者的經驗：[1]

> 不久前我探望一位正與長期病痛糾纏的姊妹。她經歷了數不清次數的手術，幾乎每天都活在疼痛中。在談話中，我驚訝她積極而頑強的生命。儘管環境是這樣的艱苦，她還是繼續並滿有尊嚴地生活下去。怎能如此？她說：「就好像我為此預備了五十年似的。自我年少時候，我母親每個星期天都帶我上教會。我們的日子不好過，但在教會裏，我學會了上帝愛我並在我生命裏有計劃，無論我落在一個怎樣的處境，祂都會在我身旁帶領我。在患病這段日子以前，我還沒有機會支取這些在過去年日放下的資本。我很感恩。因為如今情況發生了，正是我需要的時候，過去的根基果然成為我的支持。」

這個記述讓我想起已經安息的培道中學前任校長蘇恩立姊妹。當她知道自己患上末期癌病的時候，她的回應是：「上帝已給了我六十年的美好光陰，現今雖患重病，心中仍有平安。」[2]

我不知道你對這些片斷的感想。我卻相信這些經歷指向我們生命內裏重要但卻常常遭忽略的一環。用隱喻來說，就是我們生命的水庫、生命的工程。在一般的日子裏，這都是隱蔽的。但當生命遇上危機和試煉，像健康、工作事業、婚姻、考試等等遇上問題的時候，我們的「水庫」和「工程」就會顯露出來。

誠然，任何人遭遇不快甚至悲痛的打擊時，苦澀、憤怒或驚惶都是正常和自然的反應。但我們不可能長期糾纏在這些感覺裏。總有那麼一刻，我們得進入自己的生命，看看在我們生命的深層裏，有沒有甚麼可以繼續盛載和支持我們的。

也許你和我都曾碰過一些凡事都是從負面看的人。在他們的字典和經驗裏，彷彿從來沒有相信或盼望。你不禁擔心他們可從哪裏支取資源以面對困難，你不禁懷疑他們的工程，那生命的工程。有人說過：「一個人的苦毒正表示他生命裏缺乏幫助他面對生命困苦和沮喪的道德資源。」就好似一間房子建造在沙土上，當雨打風吹的時候，它不能避免要倒塌的危機。

當然我們也曾遇見過一些總是充滿盼望和信心的人。他們並不是無知或一廂情願地將頭埋在沙堆裏的駝鳥。你可以看到他們體會生命的智慧，感受他們對生命的堅忍和執著。你很想知道他們從哪裏找到生命的力量和資源，你羨慕他們那生命的工程。他們就好像建在磐石上的房子，當雨打風吹的時候，他們仍然能堅立不倒。

兩種房子，在風雨中相異的果效，端視乎他們的根基，那就是他們生命的工程：

> 所以，凡聽見我這話就去行的，好比一個聰明人，把房子蓋在磐石上；雨淋，水沖，風吹，撞著那房子，房子總不倒塌，因為根基立在磐石上。凡聽見我這話不去行的，好比一個無知的人，把房子蓋在沙土上；雨淋，水沖，風吹，撞著那房子，房子就倒塌了，並且倒塌得很大。（太七24～29）

從表面看，耶穌的教導似乎蠻讓人感到困惑的。保羅不是在羅馬書裏教導説：「你若口裏承認耶穌為主，心裏信上帝叫他從死裏復活就必得救」嗎？改革更正的信仰傳統不是強調我們是因著信而得救而不是行為的嗎？

我想這是一個極佳的例子，説明我們的信仰並不是一兩節金句經節就能完全解説描述，甚至盛載的。同理，我們也不能夠將信仰單單倚仗在一兩節經文之上。保羅並不是一個輕視行為的基督徒。在他所有的書信裏，生命的流露（行為）一定佔有重要的篇幅。事實上，保羅在哥林多前書三章的勸誡，與馬太記述耶穌的講論，就頗有異曲同工之效。

馬太所言的，與保羅的教導並不相悖。馬太記述耶穌的教導，要讀者將目光超越悔改皈正、恩賜，甚至特別的信仰經驗，落在試煉、風雨、困難、甚至審判的日子。堅穩的生命素質才是至為重要的，而這些素質在艱苦的日子至為明顯。

> 生命的素質不僅建基於藍圖、計劃和理想，更建基於實踐。
> 生命的素質不單是外露的生活，更是內在的根基。
> 生命的素質不在於你信主的經歷如何感人，而在於你每日的腳步。
> 生命的素質不在於你所具備的恩賜或才華，而在於你的生命本身。
> 生命的素質在於我們如何建造我們生命的工程。

我們都熟悉近年香港人的座右銘：「資源增值」。但如果沒有為心靈增值或作出提升，儘管有更多的技巧，也未必能面對艱苦未知的前路。只知優質生活而不求堅強的心靈，恐怕會在風吹雨打的日子倒塌。

我們又應該怎樣生活？我們應該像建造生命工程一樣地生活。許多人苦心經營他們的生活，而不是建造生命，不論那是自己的生命還是別人的生命。他們的生命苦無根基。當生活順暢時，他們可以趾高氣揚，以為一切理所當然。但風光不再，他們也就沒有生活的旨趣和力量。誠然，不同的人以不同的態度面對生活，而他們的態度就取決於他們的根基和生命的價值：[3]

> 每一個人對生命的遠象和憧憬都不一樣。三個人看著一顆樹，各自有自己的圖畫。一個可能看到樹能衍生許多建築材料，隨之而來的是財富。另一個人眼裏所見的，是可以焚燒的木頭樹枝，可保家人溫暖。第三個人眼裏的樹，是上帝創造並賜予人的藝術品，表達了上帝的愛和堅忍。我們

生活的目的，左右著生活的視野方向，同時也反映了我們內在生命的焦點。

生命的素質並不是一天兩日的感覺。生命的素質在於生命的工程。工程講求的是方向、踏實和恆心。磚是磚、板是板，每一塊都要計算，每一塊都重要。每天的經驗，是好是壞，是順是逆，都是這個工程的部分。生命工程的建造，永遠不會太遲，也不會太早。惟我們每一個人都在建造，而我們的根基如何，就必定會在試煉的日子顯露。

註釋：

1 William Willimon, *Pulpit Resource* (April-June, 2002), 39～40.

2《浸聯會刊》，52（3，2000），27。

3 John Killinger, *Letting God Bless You* (Nashville: Abingdon, 1992)。

尋寶記

馬太福音十三章44至46節

平常期

天國好像寶貝藏在地裏，人遇見了就把它藏起來，歡歡喜喜地去變賣一切所有的，買這塊地。天國又好像買賣人尋找好珠子，遇見一顆重價的珠子，就去變賣他一切所有的，買了這顆珠子。

當你遇上生命中最渴想的珍寶，你會怎樣回應？比方說，你得聞了福音、天國的好消息，你會怎樣回應？馬太福音十三章的這段經文，正要向我們提出這樣的問題。當你遇上最渴想的珍寶，你會怎樣回應？比方說，天國是你最渴想的珍寶，你遇上了，你會怎樣回應呢？

提及天國，馬太福音總有讓我們思考的空間。比方說，如果天國就是上帝的旨意實踐和掌權，我們看見眼前卻儘是無甚果效的工作，我們是否還能真的相信天國會臨到呢？就好像一個人出去撒種，有的種籽落在淺土上、有的落在石頭上、有的落在荊棘叢中、有的落在路旁。雖然有落在好土裏的，但看著這許多「白費」了的種子，我們真能相信有一天會收割，三十倍、六十倍，甚至一百倍嗎？

又好比說，眼前一切是非不分、糾纏不清，我們能相信天國會有收成的一天嗎？就好像人在田裏耕作，不料種子裏夾雜了不能吃用的稗子。當麥子長成的時候，稗子也同樣長成。在是非不分、糾纏不清的時候，我們還相信有一天會收割嗎？

如果我們真的相信天國，並以之為珍寶。我們又當如何回應呢？耶穌用了兩個比喻。一個人在意外的情況下發現了一個埋藏在地土下的珍寶。他高高興興地變賣一切，將這塊地買了下來。另有一個不斷地尋找心中完美珍珠的商人，當他遇上夢寐以求的珍珠時，也是變賣了一切以取得這顆珠子。

無論是不經意還是刻意，當人發現至愛珍寶之時，總會義無反顧地「變賣一切」以得其所愛。研究聖經者都說，這個比喻要說的，正是門徒對待福音的應有態度。當人得聞天國的福音，應該義無反顧地跟隨和仿效。

以上的解釋固然是合理的，但其中還牽涉兩個值得我們深入思考的問題。第一，我們所珍而重之的天國，究竟是怎麼一回事，它與我們的實際生活有甚麼關係？第二，若如比喻所說，天國像寶貝埋藏在地裏頭，我們又如何將它辨認出來呢？

我們常說的天國，就是上帝掌權的日子，它要在歷史的盡頭顯現。在歷史的那一端，一切的苦痛、困苦、戰爭、淚水都要成為過去。這個信念和盼望固然是聖經裏的教訓。但如果我們的上帝不僅僅在歷史的彼端工作，也同時在當下你我的生活中掌權和工作的話，那麼天國也應該是此時此地的。若此，我們就得非常的小心，因為上帝在我們周遭的生命裏動工。而四周的生命，就是上帝國的彰顯，是埋藏在地裏的珍寶。我們不能也不應輕忽錯過了這些寶貝。

不過生活在這個都市裏，我們往往在不知不覺間錯過了許多的珍寶。因為我們對貴重珍寶都有一個先入為主的看法，而這個看法常常遮蔽我們的眼目，使我們無法看到真正的珍寶。這個看法，往往有一定的框架，反映出現實但卻非常局限和短暫的價值。

幾年前我曾經看過一本叫《小王子》(*The Little Prince*)的書，裏面説到成年人只對數字有興趣。人和事的價值，只能用數字去衡量而不能窺見其根本。每當我想到我們關心的莫不與數字有關——住的地方的呎數、每月掙到的薪水、小孩子的名次、學校的類別、聚會的人數等等，不免有所感慨。

昨天(九月二十八日)我參加了培道中學為記念已安息的蘇恩立校長而設的追思會。會上一位校友憶述她在一九九一年來港時的一段經歷。一個剛從國內來港的女孩子，不能找到一間願意為她開門的學校。也許是因為憂慮她的英文水平不高或別的原因，沒有學校願意給她一個機會，直至蘇恩立校長錄取了這個女孩子。後來這個女孩子順利完成了中學、高中、最後考進了中文大學。在紀念蘇恩立校長的一本刊物裏，她寫了一篇文章，題目大概是「感謝蘇校長的接納」。

在這些年間，我們幾乎每天都聽到這樣的話「你要增值，以提高自己的重要性和競爭力，不然你就會遭受淘汰」。然而，我們倒應該將這句話倒過來説：「你是上帝眼裏和心中的珍寶。你的生命是寶貝和珍貴的，所以你應該好好地活、好好地成長，不應糟蹋自己的生命和機會。」我相信在今天的家庭、學校和社會的角落裏，有許多的人正等待這樣的福音。我也相信當他們聽到這樣的福音，將心門打開，讓上帝在生命裏掌權，學會了自信、自尊、自重和自愛，不自暴自棄的時候，則無論是否身居要位，他們已經是被發現的珍寶了。他們的生命，也必然會是綻放天國光芒的珠子。

認識我的弟兄姊妹也許都知道，我繞了好些圈子後才能有接受大專教育的機會。即便是我在大學的時候，我也不知道自己前面的路要怎麼走。我甚至不太曉得自己念的學系是不是自己喜歡或能夠念的。我只是念一天、算一天。心裏想著，瞧我這個樣子，待念完書就找一份穩定的工作糊口就好。

在一九七九年的夏天，我們教會籌備一個福音劇。在演出的那一天，劇本的作者特地從台北跑到台南來看我們演出。我已經記不起那天的演出怎樣，但我到如今還清楚記得演出過後的一個情景：卸下化裝後，我在教會的樓梯碰上這位作者，她對我說：「孫弟兄，上帝會用你的。」那一句話使我開始認真思想，我要怎樣過前面的日子。因為那一句話讓我知道，原來我在上帝的眼中是極其寶貴的。哪怕我是這樣平庸，上帝還是能用我的。

耶穌說，天國好像寶貝。你相信自己是那埋在地土裏的珍寶嗎？你相信你所接觸的人，那些被別人看為不怎麼樣的人，也可能是埋在地土裏的寶貝，甚至是耶穌所尋找的珍珠嗎？你若能珍惜看重自己的生命，你若能尊重周遭的人，你便已經活在天國的應許裏了。

上帝與凱撒

馬太福音二十二章15至22節
平常期

耶穌說：「這樣，凱撒的物當歸給凱撒；上帝的物當歸給上帝。」

根據馬太福音二十一章至二十二章的記載，自從耶穌進入耶路撒冷，往後祂和猶太領袖間的衝突也愈趨白熱化。二十二章15至22節是這章經文所載的四個論爭之一；其餘的論爭分別是：23至33節耶穌和撒都該人對復活的爭論，34至40節耶穌和法利賽人有關最大誡命的議論，41至46節關於基督身分的論爭。

發生於耶路撒冷的眾多爭議裏，15至22節所記的是特別有意義的。因為前來試探耶穌的人是個不尋常的組合：「〔法利賽人〕打發他們的門徒同希律黨的人去見耶穌……」法利賽人和希律黨人代表著完全不同旨趣的人。前者著重律法(不論是成書為典抑或是口頭的傳統)，相信上帝參與和帶領其子民生活的每一層面。後者是希律安提帕的附從，是仰羅馬人鼻息的一羣。對他們而言，政治和經濟現實才是最終的考慮。

可想而知，希律黨人樂見羅馬人統治耶路撒冷，而法利賽人心中卻不滿異族人在上帝應許的聖地耀武揚威。是故，「納稅給凱撒可以不可以？」這一問題，背後實在是暗藏殺機的。

這不是一個徵詢意見的問題，而是要將耶穌陷於兩難間的計謀。這不是一條像「我們的財赤問題愈見嚴重，你認為該收徵銷售稅嗎？」的經濟問題。這是一條觸及民族傷痛和自尊的問題。這也是一條極為敏感的問題。

在耶穌的時代，猶太人已經被逼向羅馬人繳稅接近半個世紀了。自從公元前六十九年羅馬將軍龐貝(Pompey)入耶路撒冷城，欽點大祭司、安頓守軍，猶太人已經淪為亡國之民了。臣服於羅馬政權之下，猶太人自然要履行附屬國(或殖民地)的義務——繳稅。猶太人之要向羅馬上繳(人頭)稅項，雖說是附屬國的義務，但並不是甘心之舉。除了像希律黨之流，恐怕不少人還是心不甘情難願的。事實上，根據猶太史學家約瑟夫(Josephus)的記載，羅馬人在公元六年徵稅之舉，曾經觸發了一場小型的猶太人起義運動。因為羅馬人收稅不僅令猶太人的生活擔子百上加斤，更是對敬虔的猶太人的一個侮蔑。羅馬人收的稅項必須以羅馬人鑄造的錢幣繳付，錢幣上面雕有凱撒的像，背後則刻上：「凱撒提比留，神聖奧古士督、大祭司之子」。

所以，如果耶穌對問他的人說應該繳稅，四周的猶太人必然對這位「先知」、「彌賽亞」、「大衛的子孫」感到極其的失望。但若耶穌答不用繳稅，希律黨人就有最好的藉口刁難耶穌。

「耶穌看出他們的惡意，就說：『假冒為善的人哪，為甚麼試探我？拿一個上稅的錢給我看。』他們就拿一個銀錢來給他。耶穌說：『這像和這號是誰的？』他們說：『是凱撒的。』耶穌說：『這樣，凱撒的物當歸給凱撒；上帝的物當歸給上帝。』」

耶穌的回答清楚顯示祂知悉來者的惡意。所以，祂的回答首要的任務是破解他們算盡的機關。然而，耶穌一方面使對手啞口無言，另一方面亦催使祂的聽眾(包括我們)進深思考祂的回應。因為耶穌的回答，不僅消解了一個政治的難題，祂實際上是提出了更深一層的問題。表面看來，耶穌是說凱撒的歸凱撒、上帝的歸上帝。然而，甚麼是上帝的物呢？有哪一樣東西不是屬於上帝的呢？耶穌不是提出一個左右逢源的態度。祂在馬太福音六章24節已清楚明言「只能事奉一個主」，由此可知，耶穌並不是要提出一個二元的生活方式。

可惜，長久以來這節經文卻為不少人所誤解，以為耶穌是舉薦一種二元分割(屬靈／屬世)的生活。這種信念釀成許多敬虔信徒將生活分割：週一至週六是世界的，週日是屬上帝的。十分之一是屬乎上帝的，十分之九是屬於世界的。在世界生活有凱撒的方式，在上帝的家裏有上帝家裏的一套，互不相干、兩不牽涉。在平常的日子裏，這種分割的生活方式極其量只會帶來個人的掙扎。但在二次世界大戰裏，卻造成人類極大的悲劇：當時德國不少教會對希特拉的惡行視若無睹，他們說：「凱撒的歸凱撒、上帝的物歸上帝，教會只要搞好教會的事。」在南非實施種族隔離的時代，不少教會對白人政府的迫害和剝削不聞不問。他們說：「凱撒的歸凱撒、上帝的歸上帝，教會只要搞好教會的事。」但甚麼是屬上帝之物？甚麼是教會的工作？上帝是一位只在週日關在教會四壁內的神嗎？基督徒只在教會裏生活嗎？

耶穌不是倡議二元的生活。祂說凱撒之物歸凱撒，是確認羅馬政權的合法性。但祂最後的一句「上帝的物當歸上帝」，是在凱撒之上置放了一個更高的準則。凱撒或任何的勢力政權，都必須向上帝負責。畢竟，天地間有甚麼是不屬於這位創天造地的主宰的呢？

明白以後，我們就不能，也不應過一個分割的生活。無論我們的崗位、責任、位置如何不同，我們的生活還是一樣的。我們要在我們的生活和工作裏彰顯上帝的慈憐、平等、情愛和公義。無論我們個人的理想是甚麼，這才是更高的指引和方向。

「凱撒之物當歸凱撒，上帝之物當歸上帝。」這不是個簡單的二分生活法。耶穌基督提出一個更大的問題：你怎樣看待羅馬政權？你怎樣評估每一個政權？諸如納粹、前南非白人政權，你有何評價？你怎樣看待國際社會的權力和日漸瘋狂的暴力事件？中東以巴關係、九一一、峇里、菲律賓、俄羅斯，甚至近日糾纏著香港的基本法第二十三條？基督徒可以說句凱撒的歸凱撒便袖手旁觀？還是認真地想甚麼是「上帝之物歸上帝」？

常有友人向我說：「寶玲，你不在江湖之中，未知江湖險惡。以信仰的價值觀工作及與外間周旋是談何容易！」我知道這不是件容易的事。信仰基督、跟隨耶穌本來就不是件容易的事，就算是在基督化的家庭和教會，活出信仰也不像想像般容易。也許就是這個現實，早期的基督徒就不斷勸勉我們「殷勤、份外的殷勤」，「戰兢作成得救的工夫」……

上個月剛獲得諾貝爾和平獎的前美國總統卡特(Jimmy Carter)，就是這樣一個殷勤將信仰落實在生活和工作裏的基督徒。他的信念是，上帝不僅是教會的神，也是全地之主。即便是當上了總統——一個非常非常複雜的工作——他還是以這個方向為工作和生活的目標。他在一九七六年的就職演說用了彌迦書的一段經文，向美國以至全球宣告：

> 世人哪，耶和華已指示你何為善。他向你所要的是甚麼呢？只要你行公義、好憐憫、存謙卑的心，與你的上帝同行。(彌六8)

但這委實不是一件容易的事。他當了四年總統，但卻黯然下台，成了許多人的笑話。基督徒的一套只可以在教會裏搞，「凱撒的歸凱撒、上帝的歸上帝」，他們如是說。然而，他和太太並沒有放棄這個信念和生命。離開總統職位二十年，他從未間斷地為社區、國家、世界各地的貧苦、患難、饑餓奔走。

「上帝的物當歸給上帝」，甚麼是上帝的呢？在這個世界上，有哪一樣不是上帝我們在天上的父親所關心的呢？如果祂使日頭照好人也照歹人，那就沒有一樣可以與祂的憐憫和審判分離。屬靈屬世二分的生活，並不是上帝的心意。無論你在哪一個崗位，願你努力殷勤地通過工作流露與上帝同行的生命。

回應〈上帝與凱撒〉

林進基 北角浸信會會友

我是北浸的會友，正在求學時期，在這篇文章裏，我希望從一個學生(也是年青的一羣罷)的角度來看孫牧師的講道。

對於甚麼是「經課」講道，我幾乎是一竅不通的，只是偶爾在講壇及教會月刊上都會聽到牧師談到這個詞語，因而知道那是一種在中古時期使用的講道方法。至於它究竟有甚麼特別以致今天我們仍然使用這個方法，我是不甚了然的；但對於傳統流傳下來的智慧，我也不敢掉以輕心。故我希望孫牧師在往後的日子能解答一下這個問題，而我相信這問題也存於好些人的心底。

另一方面，對於孫牧師的講道，我覺得它有兩個特點：第一，有原則上的説明；第二，有實踐上的「留白」。容我以幾個例子説明。

在第一點上，孫牧師曾在一個讀經營中解釋何謂「上帝的旨意」，令我印象深刻。他説到「上帝的旨意」就是「任何能推廣愛的行動」(希望我沒有扭曲牧師的意思)。如此，「上帝的旨意」就不再是一些虛無飄渺的東西，這解釋起碼不會令我們陷入神祕主義當中，並且為我們的日常生活提供了更清晰的指導原則(可能有人認為這種解釋是將上帝旨意「庸俗化」、「平民化」，但我們在此不去討論這問題)。從此以後，不再只是那些有神呼召的人才有「上帝的旨意」在他們生命當中，上帝在我們每一個平信徒身上皆有祂的旨意。在牧師的另一篇講道〈上帝與凱撒〉中，牧師也將大眾普遍認同的解釋扭轉過來，使我們明白到「凱撒的物當歸給凱撒；上帝的物當歸給上帝」這兩句句子不是處於平等關係，而是有序列上高低之分的。

而第二點「實踐的留白」，我的意思是說牧師並沒有規定我們在同一個教導下要有同一的表現。對於甚麼是傳福音，孫牧師給我們解釋過不同的可能性，這對我們這些平日沒有反省這些問題的人來說，是很有意思的。

眾聖歌

啟示錄七章9至17節

眾聖日

此後，我觀看，見有許多的人，沒有人能數過來，是從各國、各族、各民、各方來的，站在寶座和羔羊面前，身穿白衣，手拿棕樹枝，大聲喊著說：「願救恩歸與坐在寶座上我們的上帝，也歸與羔羊！」

有人曾說過，孤獨的時候最是痛苦難當。我想我們都能明白其中的意思。你愈是孤單，愈能感覺痛苦的煎熬。據此，我們可以稍稍想像，啟示錄的作者長老約翰被放逐至小亞細亞(今土耳其)西南岸外的拔摩島的情況。

人若要紓解因孤獨而生的難過和苦楚，莫如體會或知道自己並不孤單。換言之，如果我們頓悟，眼前這條讓我們在其上蹣跚而行的仄徑，其實已經有人走過，那種「被明白」和「身同感受」的感覺，不能說不是一種安慰。無怪乎心理輔導總是教人要有「同理心」。

長老約翰被放逐至拔摩島，他沮喪、困惑，甚至可能感到憤怒和苦痛。在他孤獨的時候，他看到了許許多多的聖徒。因為這羣聖徒，他豁然開朗，體悟自己並不孤單。不管他所受的是來自政治、經濟、社會或宗教的逼害，他不是惟一的受苦者。沒有這個「異象」，儘管他是個忠心的僕人，步履還是沉重的。

孤單的處境，對任何人來說都是不容易的。試想你被放逐到一個孤島上，你會像享受假期一樣沉醉於陽光與海灘嗎？你可能不再享受而是咒詛那灼傷你皮膚、使你焦乾的陽光。你大概不再享受而是埋怨那不能解你乾渴的海水。你呼喊、咒詛、抓、踢和撞。你因自己孤單地承擔這些難處而感到憤怒。你埋怨竟然沒有人明白、體會和關心你的處境。

如果孤島太不現實的話，換個場境如何？孤單的房間，家裏的一個角落，廚房，公司的一角，電腦屏幕前，病床上……你感覺孤單沮喪、舉步為艱。你相信你是惟一受苦的。你自義、自怨自艾、自憐、自毀……還記得先知以利亞怎樣在他自以為孤單的日子裏怨憤嗎？

> 〔以利亞〕在那裏進了一個洞，就住在洞中。耶和華的話臨到他說：「以利亞啊，你在這裏作甚麼？」他說：「我為耶和華萬軍之上帝大發熱心；因為以色列人背棄了你的約，毀壞了你的壇，用刀殺了你的先知，**只剩下我一個人**，他們還要尋索我的命。」(王上十九9～10)

近日電視常播出一個廣告：一個看來極度苦惱和掙扎的人，握著拳頭、吼叫和吶喊。接著下來，這個人繃緊的面孔放鬆了，原本扭曲的面容換上了笑容。鏡頭拉開了，這個人身邊，有拉著他手的家人和朋友。電視屏打出幾個字：「停一停、想一想。我熱愛生命。」

誠然，如果我們能想起周遭一起同行的人，也許我們會想得更通、看得更透。難怪在拔摩島上的長老約翰，獲上帝賜予這個「眾聖徒」的異象。我想，也許每一個基督徒，都可以、能夠、應該看到這個「異象」。

最近和一位年青的弟兄聊天。他談及在一次助道會的退修會裏，會友重溫舊日的相薄。看著看著，他們赫然發現，原以為是荒廢的小徑，竟然有如此多的足印和經歷。原先以為孤寂的荒原，其實有許多的同行者。我們確實需要這樣的異象，以提醒自己並不孤單。過去、現在、將來也必然有許多人走在我們身旁。

我希望你漸漸能明白，為甚麼我們需要教會。一間屬於我們的教會，一間讓我們能有所歸屬的教會。我希望你也能夠明白，為何我們需要恆常地參與崇拜。因為在教會和崇拜裏，我們才能「看見」我們其實並不孤單。當我們打開聖經和詩集，當我們禱告或與人一起禱告，當我們向弟兄姊妹問安，就能「看見」許許多多的人在我們四周。聖經說這些人就是「聖徒」。

你可能會問：「哪裏有聖徒？我知道亞伯拉罕、以撒、雅各、摩西、米利暗、約書亞、大衛、馬利亞、彼得、保羅等等，但他們已經不在了。」可你得知道，我們生活的四周都有聖徒。如果不是我青年時代的導師、大學時候的輔導，並許多鼓勵和幫助我的人，今天我還不能站在你們當中。事實上，此刻我還能想到許多「聖徒」。我相信你大概也有類似的經驗吧？不少北角浸信會的會友是從小在教會裏長大的。我猜你一定可以想到許多過去幫助你、勉勵你、甚至責備你的「聖徒」。是他們的同行，使你們能在今天坐在這裏崇拜。

記得二十年前我在北角浸信會實習的時候，教會裏有許多小朋友。其中一位給我特別深刻印象的，是一個從來不能好好坐下來的男孩子。打從他一踏進教會的門開始，他就像泥鰍一樣到處溜四處玩。許多老師導師都投訴說拿他沒辦法。要他站在那兒聽話已經不容易，更遑論坐下來唱歌或上主日學。去年我回北浸講道，一個年青人端正地崇拜，認真投入地唱詩聽道。會後有機會和他聊聊，才知道眼前這位彬彬有禮、對話得體的年青人，竟然就是當年那個蹦蹦跳、叫人頭痛的男孩子。我在想，如果不是周遭的助道會導師、主日學老師、家人和朋友的同行，他會怎樣成長？如果不是四周聖徒的提醒和幫助，他會怎樣面對生活的種種挑戰和衝擊？

即使你不是自小在北浸長大，你還是能體會四周有幫助、鼓勵和扶持你的「聖徒」。有些是大家都熟悉的，有些則默默地成為別人的聖徒。有些弟兄姊妹通過可見的事奉幫助你，有更多的弟兄姊妹默默地用禱告記念和支持你。就好像教會的早禱會，那些媽媽和伯伯們每天早上或來到教會或在家裏，殷勤地為你們禱告、記念你們。你們不一定完全知道或認識他們，但他們是聖徒，是與你們同行的聖徒。

聖徒並不是甚麼完美無瑕的人。保羅寫信給充滿問題的哥林多人，保羅稱他們為「聖徒」。保羅寫信給備受異端困擾的以弗所基督徒，他稱他們為「聖徒」。保羅寫信給在羅馬掙扎認識上帝心意的基督徒，保羅稱他們為「聖徒」。假如保羅要寫信給我們，他也會稱我們為聖徒，因為每一個基督徒都是聖徒。而基督徒之所以是聖徒，是因為耶穌使之成為聖。讓我們成為一所「聖徒」的教會，讓每一個在北浸的信徒都成為別人的聖徒。

回應〈眾聖歌〉

周兆真 信義宗神學院院長

經課集由來已久，[1]但在華人基督教羣體裏，以經課為骨幹的華文講章集不多。[2]筆者的教會是禮儀教會，除了特別原因外，教會牧者每一個主日都是按經課集（三代經題）讀經和講道的，因此，主日的講道經文在三年內一定不會重複出現，同時又能幫助會友有系統地按著教會節期了解基督的救恩和整本聖經的關聯，加上會友亦能按經課在崇拜前細閱經文，所得的信息便更為深刻了。

按經課集講道的好處固然很多，但亦有評者說「每個堂會的情況不同，需要亦有異，又豈能以同一劑藥醫治不同的病人和滿足不同堂會的需要呢？」無疑，按經課集講道確是有其限制的。要突破限制，同時又保證所傳的信息能生活化和符合經文的記載，以致聖靈的工作沒有受到防礙，確實不容易。這更需要委身、觀察力強和在釋經及講道上均有深度造詣的講員來處理不可。按筆者認識，孫寶玲博士正是符合上述條件的同工之一，因為他是神學院聖經科教授，又熱心講台事奉。就以本書〈眾聖歌〉一章為例：此章引用啟示錄七章9至17節作為講道經文，信息是「聖徒羣體是孤單中的安慰」。根據經文，約翰那時身處拔摩島上，孤身一人，在苦患壓迫之中，卻看到天上寶座前無數的白衣聖徒，在榮耀中唱著救恩的歌。相對之下，約翰的景況確是十分孤單，但他卻能與眾聖共歌；形體雖然在地，心神卻飛升在天。從世人的角度看來，約翰是被放逐的失敗者，但他卻已看見永恆和得勝的歸宿。

雖然「孤單」未必是注經學者於本段經文著力發掘的信息，但「它」卻溢現在整個場景之中，由此可見孫博士不單觀察入微，更有將經文盛載的信息活潑應用到生活的能力。因此，本書不單見證了按經課集講道的好處，還是一本現成的講道學教材，值得推薦。

註釋：

1 參本書附錄：〈經課宣講：歷史、神學和實踐〉。

2 徐錦堯：《主日八分半》(甲年、乙年、丙年；香港：公教教研中心，1998，1999，2000)。

曲終人散？

馬太福音二十五章14至30節、31至46節

平常期

天國又好比一個人要往外國去，就叫了僕人來，把他的家業交給他們……

我相信你們偶爾會聽到有關主耶穌回來的「徵兆」。在艱難的日子，這類呼聲尤其明顯和普遍。上帝的子民在渴求和呼喚，希望知道在這些日子該如何自處和生活。這也是福音書讀者的渴望，當他們在等候和呼喚的時候，他們想起這同樣是耶穌門徒的呼聲和渴望。他們當然憶起耶穌對門徒提問的回應講論，其中包括了馬太福音二十五章14至30節所記的這個比喻。

根據馬太福音，這個比喻是耶穌在地上職事的最後公開講論（二十四～二十五章）的一部分。這段講論由門徒的提問引發：「請告訴我們，甚麼時候有這些事？你降臨和世界的末了有甚麼預兆呢？」（二十四3）耶穌在二十四章24至51節裏曉示將來的情景；在二十五章1至30節強調必須儆醒等候；在二十五章31至46節描繪最後審判的圖畫。

對於主再來的時間，各位只須注意：除了上帝自己，這個日子是沒有人可以知道的。在馬太福音二十四章裏，

就有三處地方指出這重點（36節、42節、50節）。主再來的時間是上帝的事，我們的責任僅在於思考怎樣在主必定回來的信念下生活和迎接主回來。

我們該怎樣生活？耶穌以兩個比喻縷述祂的教導。祂以五個聰明的童女和五個愚拙的童女作對比，提醒祂的門徒：「所以，你們要儆醒；因為那日子，那時辰，你們不知道。」(二十五13)

主再來的日子和時辰並不是我們所能知道的，但我們應該怎樣理解「儆醒」和「預備」？那五個聰明的童女是否有充分的儆醒和預備？誠然，她們都是儆醒和有所預備的。但這畢竟是個比喻，不能完全顯示真理的全部和整體。就以十個童女的比喻而言，儆醒和預備就是指她們儲備了足夠的油，在新郎回來的時候可以燃點火炬。

但在「才幹的比喻」(二十五14～30) 裏，儆醒和預備卻不僅是儲備。事實上，一個儆醒的僕人是不能只將受託的財富埋藏在地土裏的。一個儆醒和有所預備的僕人，必須要敢於有所為，而不是被動地等候、儆醒。

然而，我們又如何得知我們敢於所為的是正確的呢？「如果我的投資失利，得不償失的話，我豈不是落在一個更慘的景況裏嗎？」第三個僕人的顧慮不能說完全沒有道理。如果主人怪罪起來，那確實更難擔當。既然如此，倒不如「把主人的銀子埋在地裏」。

無疑，第三個僕人對主人所作的描繪頗能合理化他的行動和表現。然而，這是不是主人真正的品性和心意呢？無論如何，第三個僕人一直將自己壓在他心目中的主人之陰影下，活在憂慮和恐懼當中。也許他必須每天幾次跑到埋藏銀子的地方，檢查他埋下的銀子是否安然無恙。他所想所念的，就是埋藏地土下的銀子。他所思所慮的，就是那被扭曲了的主人。而他所等到的，卻是哀哭切齒的日子。

正聆聽這個比喻的，免不了心裏囉唆抗議：「他又如何知道怎樣才算正確地運用這些銀子？」我想這也許正是耶穌講論最後一部分（二十五31～46）「分別山羊和綿羊的講論」之意義。同樣，這裏有兩類人。其中一羣也許就像那第三個僕人一樣，在不能弄清楚之前，絕不輕舉妄動；另一羣則動用了主人交託給他們的銀子。他們憑甚麼可以如此行呢？回到「才幹的比喻」，假如另外兩位僕人不僅未能賺取利潤，更虧蝕了原有的銀子，情況又會如何？

> 從前，有一條村落。村裏的族長有三個兒子，每一個都有自己的才幹能力。大兒子具有種植橄欖樹的豐富知識和經驗。村裏的人以橄欖與鄰近的村落交換物資。所以，大兒子的恩賜對整條村落是極其重要的。
>
> 二兒子是一個牧羊人，長於料理和照顧羊羣。每當羊隻害病的時候，他很知道怎樣照料羊隻，使羊隻康復和壯健成長。二兒子的才幹對村落也是非常重要的。
>
> 小兒子是個藝術家和舞蹈者。每當村裏的人遇到困難的時候，他就會以舞蹈為村人打氣，鼓勵他們面對逆境。所以，小兒子的才華也是極其重要的。
>
> 有一天，族長要遠行。臨行前他招聚了他三個兒子，向他們說：「兒子啊，整條村落都交在你

們手裏了。你們每一個都有自己獨特和重要的才幹，可成為別人祝福的恩賜。當我不在的時候，希望你們好好地運用你們的才華，待我回來的時候，整條村落會因你們變得更好、更喜樂。」說完，族長就出門了。

開始的時候，村裏生活平靜安穩。但當冬天來臨的時候，整條村落在艱難的處境裏。那年冬天十分寒冷，是自有記憶以來從未有過的。每棵樹都冷壞了，連樹幹也因過冷而裂開。看到這個情況，大兒子心裏知道，要樹木回復舊貌，恐怕非要一段日子不可。不久，村裏已經沒有可以用作在寒冬裏燃燒取暖的木頭。村民請求大兒子，希望可以砍下那惟一還剩下來橄欖樹。儘管多次拒絕，但經過多番思量，大兒子至終還是答應砍下橄欖樹。「不可能為了保住橄欖樹而棄村人於不顧。」他心裏想。

自入冬以來，雪幾乎沒有停過。現在村莊已經與外界隔絕了。村人無法和外人聯繫，更不能從鄰近的村莊取得任何的食物和資源。眼見糧食的問題愈來愈嚴重，村民請求二兒子：「讓我們把羊宰掉以解決食物短缺的危機吧，不然我們就要餓死了！」「可我是羊兒的醫生呀！我怎可以讓你們把牠們宰掉呢？」二兒子抗議道。然而他們不斷哀求他。最後，二兒子還是將羊羣交給饑餓的村民。因為他心裏知道，照管羊羣的目的，就是要村民幸福地生活下去。如果保得住羊，但卻餓死了村民，那又有甚麼益處呢？

就這樣，村民既有柴木，也有食物，總算是可以在溫暖和飽足的環境下繼續生活下去了。但寒冬將他們的心也凝固了。在他們的眼裏，村裏的境況一天比一天差。他們沒有盼望和力量，再也找不到繼續在村裏生活下去的原因。最後，他們一家接著一家地離去。

春天來了，族長也從外地回來。然而，在偌大的村子裏，只有他自己的家才炊煙冉冉。回到家裏，他困惑地問他的三個兒子：「你們怎麼了？村裏發生了甚麼事呢？」

大兒子說：「父親，抱歉得很。我並沒有好好地運用我的才幹。村裏的人受不住嚴寒的天氣，請求我容許他們砍下橄欖樹。我就許了他們。」

二兒子說：「父親，請不要生氣。天氣實在太冷了，而且村民也沒有吃的。所以我就讓他們宰了羊兒。我未能好好使用我的才幹，反把羊兒送往屠場裏去……」

「我兒啊，不要難過。村裏的確沒有了以前的歡樂和繁榮，但你們已經盡了你們的努力了。你們確實也善用你們的恩賜，因為你們是用盡一切幫助村人……那後來又怎樣了呢？」大兒子和二兒子朝三弟看。三兒子隨著說：「父親，歡迎你回來。你不在的時候，我們既沒有木，也沒有食物。我看那絕對不是跳舞的時候。再說，我希望儲存我的能力，好使我可以在你回來的時候，以我的舞蹈才華歡迎你。」

「那跳吧。因為我的心現在像這條村一樣荒涼極了。來吧，以你的舞蹈為我帶來歡娛吧。」但當三兒子嘗試起來跳舞之際，他卻倒了下來。他的腿已經因坐太久而沒有力量了。

父親緩緩說：「我們的村落本是一條健康的村，可以承受寒冷和饑餓之苦，但卻不能沒有盼望。但你卻未能好好地運用你的恩賜，他們也就因沒有盼望而離去。現在村裏凋零冷落，你也不再有以往的才華了。你已經受到你的懲罰了。」說罷，父子四人就抱頭泣啜。（Thomas C. Davis, III）

審判的君王

馬太福音二十五章31至46節

基督君王主日

當人子在他榮耀裏、同著眾天使降臨的時候，要坐在他榮耀的寶座上。萬民都要聚集在他面前。他要把他們分別出來，好像牧羊的分別綿羊山羊一般。

如果我請你描述你心中的耶穌，你所描繪的耶穌會是怎樣的？是好朋友？好牧人？兄長？父親？母親？你是否曾經想過，耶穌是位君王？一位審判的君王？無可否認，一般人並不熟悉耶穌那審判的君王的形像。我頗能體會這個令人對此感到陌生的原因。畢竟，儘管市面有不少以法庭為題材的電視節目和電影，儘管不少人還是懷著種種不同的動機追讀法庭新聞和消息，人們總是不願意面對審判的。

我們的文化主張我們就是自己的裁決審判者。我們可以用自己的經驗、觀點、情緒和標準裁決自己，但絕不可以臣服於別人的裁決，甚或上帝的裁決之下。難怪在我們的詩集裏，幾乎沒有詩歌可歸入主是審判者這主題類別。

無論我們何等不習慣甚至不喜歡，聖經倒是一點兒也不含糊地交代這課題。在過去接近二千年的歷史裏，教會學會了一個重要的功課：教會必須銘記耶穌是君王。不錯，耶穌是好牧人、良朋知心友、兄長、新郎……但主也是我們生命的君王和審判者。祂既不僅僅是聆聽我們傾訴的輔導員，祂更不是滿足我們要求的傀儡。祂是要求我們、掌管我們生命的主宰。我們必須為我們的生命向這位審判者負責。事實上，全地所有的生命都要在這位君王面前受審判。

教會年的編排以將臨期開始，以基督君王主日結束，這是一個不折不扣的信仰宣告。教會要表明的是：時間不是漫無目的、了無意義的循環。歷史正朝著一個方向而行；我們的生命由一個標準所量度。而基督就是這個方向和準則。在這個基督君王主日，我們需要再一次認識基督是君王。在教會年最後的這個主日裏，我們需要彼此提醒，認信我們的主是審判的君王：

> 當人子在他的榮耀裏、同著眾天使降臨的時候，要坐在他榮耀的寶座上。萬民都要聚集在他面前。他要把他們分別出來，好像牧羊的分別綿羊山羊一般……

問題是，耶穌會怎樣審判我們呢？顯而易見，我們的大君王並不會以規矩或條例審斷。根據這段和其他的聖經經文，耶穌對我們的查問，在於我們怎樣活出生活以事奉祂和別人。當然，我們每個人都有不同的背景、能力、條件、才幹和恩賜。我們生活的處境範疇和層面都各有不同。有些人會接觸一些真正饑餓或衣不蔽體的朋友。其他人可能會接觸渴求愛或被剝奪尊嚴和自信的朋友。

我們每個人都可以按著自身的處境、條件和能耐，掌握並評估我們的生命。然而，底線倒是很清楚的：怎樣過事奉別人猶如服事基督耶穌的生活？站在我們大君王的台前，我們得回答我們怎樣在每日的生活裏跟從祂的腳步。

有人可能呢喃道：「祂又怎麼曉得呢？祂怎會明白我們的生活？祂又如何體會我們身處的複雜社會和當下的難處？」我想這正正顯示基督教信仰中「道成肉身」的重要性。從下週開始就是「將臨期」，其高峯就是記念主耶穌降生的聖誕節。從將臨期開始，我們就要回想這位君王審判者怎樣活出上帝的心意和要求。祂的生活也就成為我們的生活的模楷和資源。一方面，祂走過人生的道路，成為我們生活的依靠、動力和榜樣。就如希伯來書的作者所言：

> 我們既然有一位已經升入高天尊榮的大祭司，就是上帝的兒子耶穌，便當持定所承認的道。因為我們的大祭司並非不能體恤我們的軟弱。他也曾凡事受過試探，與我們一樣，只是他沒有犯罪。所以，我們只管坦然無懼地來到施恩的寶座前，為要得憐恤，蒙恩惠，作隨時的幫助。（來四14～16）

另一方面，他也成為我們生活的量度、審判的準則：

> 王要回答說：「我實在告訴你們，這些事你們既做在我這弟兄中一個最小的身上，就是做在我身上了。」……王要回答說：「我實在告訴你們，這些事你們既不做在我這弟兄中一個最小的身上，就是不做在我身上了。」（二十五40、45）

主誠然不僅是我們「隨時的幫助」，祂也是我們得向其交代和負責的君王審判者。主不僅是救贖世界的主，也是審判世界的君王。忽略了這點，我們的信仰和生活便總會在自我形像和人際關係的糾纏裏拉扯。

宣講學學者艾美亞（Elizabeth Achtemeier）曾接受訪問，指出表達得好的宣講和平庸的宣講間的分別，她指出最主要的分別原則：好的宣講主要是環繞上帝而不是環繞人的問題。任何人隨隨便便都可以指出世界與社會的問題和罪惡。我們只消環視四周或看看報章頭條就可以了。若只消羅列出社會種種問題，這就連一個十二歲的小孩也可以勝任，但只有宣講者才可以從中疏理出上帝的工作的心意。[1]

我想這不單只是宣講所應該著意和牢記的原則。這也是我們信仰不可缺乏的中心。主確實是我們的好牧人，是我們的知心友，是我們的倚靠和幫助。但如果我們的信仰的經驗和期盼就只有這些詞彙，我們信仰的眼目就必然只會一味注視傷痛和問題的表面。我們所糾纏的，也就不能避免是人際關係的離合、人生經驗或際遇的起跌。而我們的主，就必然是回答我們的問題、聽我們傾訴、伴我們同行的好牧人、知心友。

誠然，主的確是我們的牧人和良友，祂聽我們的心聲，回應我們的請求。但祂更是我們的君王和審判者。這是說，我們必須為我們的生命向主作出交代，回答主的查問。如果我們認信主是我們的君王、是全地的審判和主宰，我們要問：我們究竟該如何生活，以致能說明祂的的確確是我們的君王？我們的社會和世界該如何合作，以致可以站立在這位君王前面對祂的審判？

我們可以繼續體會基督耶穌是我們的知心友、好牧人。但今早的經文卻提醒我們，祂是我們生命的君王和審判者。我們不僅要向這位君王負責，就是整個的世界和歷史，也將要在這位審判者面前敞開。

註釋：

1 Elizabeth Achtemeier, *Preaching Difficult Texts of the Old Testament* (Louisville: Westminster John Knox Press, 1998).

回應〈審判的君王〉

蔡志強 香港浸信會神學院特約教授

在一片「除我以外沒有權威、我的生命只需向自己負責、是那份感覺叫我留在信仰」等呼聲和傾向下，孫寶玲牧師宣告「耶穌是審判的君王」，可謂是適時的當頭棒喝。

耶穌基督是我們生命的「審判者」，有掌管我們生命的絕對權柄，祂能要求我們回應：「怎樣生活和事奉別人猶如服事基督耶穌」這挑戰，而祂則就著我們的回應施行判斷。

基督作為審判者，是否就像祕密警察般，四處尋找犯錯犯罪的人，繩之以法，並以此為樂呢？斷乎不是！相反，耶穌「不願有一人沉淪，乃願人人都悔改」(彼後三9)；祂自言自己到世間來，「不是要定世人的罪，乃是要叫世人因祂得救」(約三17)。耶穌是要帶來拯救、帶來恩典的。然而，很多人就只要那不需付代價、委身的「廉價的恩典」(潘霍華語)；只看到馬太福音二十五章31節的「綿羊」接受耶穌的稱讚，卻看不到山羊被分別出來接受耶穌指斥的結局！耶穌不定世人的罪，但「罪已經定了」(約三18下)。我們豈不應認真地懷著恐懼戰兢的心，察驗和持守主的審判標準，去過那服事世人的人生！

孫牧師幾次提到，「主不單是我們的牧人……祂更是我們的君王、審判」。在這對比中，主作為「牧人」，祂「聽我們的心聲、回應我們的請求」，不過，這對比彷彿視牧人的職分與審判者的職分截然不同。然而，馬太福音二十五章32節中，牧人的職分之一，就是要將綿羊和山羊分別開來！牧人就是作審判的。

如此，容讓我們每想起耶穌作為「牧人」這形像時，不單想及祂的養壯、醫治、纏裹、領回、尋找(參結三十四1～6)，亦要想起祂的分別、管教、審判。當我們面對人際關係的離合、種種傷痛以及處理自我形像等課題之時，基督固然仍「聽我們的心聲」，但我們同時要問：究竟主有何要求？究竟我們如何面對和處理此等遭遇和課題，才能說明，耶穌的的確確是我們的君王和審判主？

第二部分

特別處境講章

生命的薦信：給榮德*

哥林多後書三章2至5節

按立禮

> 你們就是我們的薦信，寫在我們的心裏，被眾人所知道所念誦的。

榮德，我記得認識你已是在上一個世紀(一九九三年)的事，當時你還是神學院一年級的學生。你可能不知道，當年你給我的印象是蠻特別的。在那個時候，我還可以在學生的課業和文章上詳細寫下我的評語和分析，你所交的功課也不例外。但當時你是少數在發還考卷和課業、看過評語後，還會回來有所回應的同學。當時我心裏就感覺到你是一個認真的學生。我當然有理由相信你日後必然會是一位認真的傳道人。

* 這是一篇按立禮的講章。馬榮德牧師於一九九三年入讀香港浸信會神學院，也是我開始在神學院事奉的那一年。自一九九六年畢業後，榮德即在鴨脷洲浸信會事奉。六年後教會提出按立榮德為牧師。我有幸被邀成為按牧團一員，並被囑在按立禮中講道。

自你畢業後，與你見面的次數少於五次。從同學的口中，略知你事奉的情況，再次喚起我腦海中你那專注和認真的印象。

六年了，你畢業在工場事奉已經六年了，並且是同一個工場。於我來說，這一點兒也不叫我訝異。但從今天同工轉換工場頻仍的現象看來，六年來在同一工場事奉，確實是值得讓我們注目、甚至思想的。當然，我必須說，同工轉換工場自然有各種或主觀或客觀的原因，我們實在不能戴著有色眼鏡判斷任何同工或工場。再者，長守於同一工場亦不一定表示甚麼。另一方面，我們也不能把這看成理所當然，以致吝嗇我們的讚賞，不對專心守望教會的同工和培植等候同工成長的教會予以肯定和欣羨。

我之所以說要予以肯定和欣羨，因為六年並不是短的時間。試想想，甚麼能足以盛載六年的時光呢？對你而言，我相信一定不是薪酬、地位或滿足感。對鴨脷州浸信會而言，也未必是你的事奉技巧、聖經知識，甚至神學學位。我想、我相信，能夠盛載六年時光的，必定是生命。

也許你仍會記得在按牧團考問心事當日，大部分的時間我都在聽。這固然是因為當日我要負責筆錄各位牧長和你之間的答問，但同時我亦想細心聽聽究竟鴨脷州浸信會為甚麼要按立你為牧師。我相信我聽得很清楚，教會按立你不是因為你是位「成功」的事工推動者，而是因為你是位願意付出生命、觸摸生命的牧者；同時也因為他們願意分享和接納你的生命。

在數字增長就等同成功的今天，能夠分辨我們所受託的是「生命」而非「人次」，能夠看重同工對生命的敏銳和負擔，而不是魅力、光芒甚至果效，這畢竟是彌足珍貴的。

閱讀聖經和事奉生命的經驗告訴我，對一個傳道人而言，最大的考驗或量度不是他主領聚會的次數或與會的人數，不是他推動事工的紀錄和往績。對傳道者而言，會眾的生命素質才是他最重要的量度。保羅說：「你們就是我們的薦信，寫在我們的心裏，被眾人所知道所念誦的。」(林後三2) 試問有哪種「履歷」比保羅這一句更震撼？是神學院的證書文憑？是等身的著作？是林林種種的銜頭位分？是教會聚會的人數？事工的成就？你和我心裏都知道，保羅的這一張「履歷表」、這一封薦信的分量。

我常想，如果有人問我事奉的果效如何，又如果一天當我靜下來或退下來的時候，自問事奉的果效如何，我會說甚麼呢？教學的年期？學生的人數？在教會領會的次數？還是參與其它種種事工的多寡？還是我可以說：「看看我的學生和會眾，他們就是我的果效」呢？我們可以像保羅所說的：「我的學生和會眾的生命就是我的薦信」嗎？

同樣，一間教會的身量並不僅在於她的事工、建築物、人數和財政預算。教會如何回答同樣的問題？她能夠說：「看看我們弟兄姊妹的生命，看看我們傳道人的生命」嗎？

傳道者和教會憑甚麼可以顯示這樣的「薦信」？除了生命，就只有生命。生命的接觸、磨擦、適應、調校、學習、接納、欣賞、擁抱。這樣的生命，必須用時間、愛心、忍耐、智慧、真誠、勇氣，悉心地種植、栽培和澆灌。這是我們傳道者和教會必須作的工夫，也是我們在上帝面前的工程，有一天必然顯露的工程(林前三章)。

我無意浪漫化我們的事奉和意志。畢竟，無論我們多麼願意，我們的生命都是千瘡百孔的。無論我們多麼努力和認真，別人總為我們流淚，我們也常使人落淚。無論我們多麼努力和認真，我們亦必曾傷害別人，也被人傷害。無論我們多麼努力和認真，我們總曾誤解人，也遭人誤會。這個經驗，就連使徒保羅自己也不陌生。這是每一個讀過哥林多書信的人都能感受到的。但保羅說：「我們因基督，所以在上帝面前才有這樣的信心。並不是我們憑自己能承擔甚麼事；我們所能承擔的，乃是出於上帝。」(林後三4)

所以，鴨浸的弟兄姊妹，我們今天不僅僅是將一個名號授予榮德。榮德，今天亦不是改變你生命的一天。因為從第一日蒙召開始，你就已經決定讓主掌管你的生命，讓祂改變你的生命以祝福別人的生命。今日是我們一起慶祝並見證教會的生命和牧者的生命的相遇和成長。如果我有任何話可以挑戰或勉勵你和你們，就必然是保羅的這一番話。若干年後，榮德可以說：「鴨浸弟兄姊妹的生命就是我的薦信。」而鴨浸弟兄姊妹你們也可以說：「看看榮德，我們牧者的生命，就是我們的薦信。」

一篇喪禮講章*

詩篇一百三十九篇
安息禮拜

入殮經文：詩篇一百零三篇8至14節

> 耶和華有憐憫，有恩典，不輕易發怒，且有豐盛的慈愛。他不長久責備，也不永遠懷怒。他沒有按我們的罪過待我們，也沒有照我們的罪孽報應我們。天離地何等的高，他的慈愛向敬畏他的人也是何等的大！東離西有多遠，他叫我們的過犯離我們也有多遠！父親怎樣憐恤他的兒女，耶和華也怎樣憐恤敬畏他的人！因為他知道我們的本體，思念我們不過是塵土。

〔家人名字從略〕，在這個時候你們一定感到不甘心，也會埋怨；你們埋怨華樂、埋怨自己。你們埋怨華樂，為何置你們的關愛和支持不顧，竟然不辭而別，靜靜地結束自己的生命。你們埋怨自己，為甚麼不更多的關心他？不早一天、甚至一個小時前找著他？

---

* 這是一篇安息禮拜的講章。安息的是一位年輕的弟兄（文中的名字均為化名）。雖然弟兄深為家人所疼愛和支持，但在某天他卻選擇結束自己的生命。他的離去為家人帶來複雜的情緒和疑惑。

我知道你們也擔心。你們擔心華樂此刻的光景。一個結束自己生命的人，會在哪裏找到安息之所？

然而在這個時候，我只想你們集中在上帝身上：「耶和華有憐憫，有恩典，不輕易發怒，且有豐盛的慈愛。他不長久責備，也不永遠懷怒。他沒有按我們的罪過待我們，也沒有照我們的罪孽報應我們……因為他知道我們的本體，思念我們不過是塵土。」無疑，華樂作了錯誤的決定；然而，我們一樣也會犯錯。在上帝的眼裏，我們都不過是塵土，是脆弱、衰殘的塵土。只是「他沒有按我們的罪過待我們，也沒有照我們的罪孽報應我們」，我禱告你們能放下心裏的擔子，與華樂道別。

安息禮拜經文：詩篇一百三十九篇1至18節、23至24節

耶和華啊，你已經鑒察我，認識我。我坐下，我起來，你都曉得；你從遠處知道我的意念。我行路，我躺臥，你都細察；你也深知我一切所行的。耶和華啊，我舌頭上的話，你沒有一句不知道的。你在我前後環繞我，按手在我身上。這樣的知識奇妙，是我不能測的，至高，是我不能及的。我往哪裏去躲避你的靈？我往哪裏逃、躲避你的面？我若升到天上，你在那裏；我若在陰間下榻，你也在那裏。我若展開清晨的翅膀，飛到海極居住，就是在那裏，你的手必引導我；你的右手也必扶持我。我若說：黑暗必定遮蔽我，我周圍的亮光必成為黑夜；黑暗也不能遮蔽我，使你不見，黑夜卻如白晝發亮。黑暗和光明，在你看都是一樣。我的肺腑是你所造的；我在母腹中，你已覆庇我。我要稱謝你，因我受造，奇妙可畏；你的作為奇妙，這是我心深知道的。我在暗中受造，在地的深處被聯絡；那時，我的形體並不向你隱藏。我未成形的體質，你的眼早已看見了；你所定的日子，我尚未度一日，你都寫在你的冊上了。上帝啊，你的意念向我何等寶貴！其數何等眾多！我若數點，比海沙更多；我睡醒的時候，仍和你同在。……上帝啊，求你鑒察我，知道我的心思，試煉我，知道我的意念，看在我裏面有甚麼惡行沒有，引導我走永生的道路。

各位親友、主內弟兄姊妹，今早我們聚集於此，向我們的親人、朋友、弟兄華樂道別。

雖然華樂在世的日子並不太長，但他卻體會父母、兄長和姊妹的關愛和支持。然而，在過去某些日子裏，他必定認為他所面對和經驗的難處，是別人所不能明白或分擔的。也許，他覺得並不需要煩擾別人。

其實不僅僅是華樂，就是我們自己，說不一定有一天也會(或者曾經)有類似的困擾：我們所面對和經驗的難處，是別人所不能明白或分擔的。也許，我們覺得沒有煩擾別人的必要。

在這些困難的日子裏，我們過於糾纏和注目於傷口和難處，竟然忽略了：

我們往往低估了我們的生命對別人的意義和重要性。

我們不知道對那些愛我們的人而言，「我們好好的活著」竟是如此的重要。

我們也不太明白自己的決定。

我們放大了困惑我們、打擊我們的事或人：

我們不明白生的意義(不論是對己或對人)；

我們未能體會死帶來的傷痛(不論是對己和對人)。

在某一日，華樂作了這樣的決定。我們不知道他所面對的是怎樣的苦楚，也不明白他為甚麼會有這樣的決定。也許，就連他自己也不完全知道這樣的一個決定所帶來的痛苦和創傷。但我們相信，在座的基督徒都相信，即使是這樣一個錯誤的決定，仍然不能使華樂離開上帝的懷抱，因為上帝必定明白他的苦楚和難處。

我往哪裏去躲避你的靈？我往哪裏逃、躲避你的面？我若升到天上，你在那裏；我若在陰間下榻，你也在那裏。我若展開清晨的翅膀，飛到海極居住，就是在那裏，你的手必引導我；你的右手也必扶持我。我若說：黑暗必定遮蔽我，我周圍的亮光必成為黑夜；黑暗也不能遮蔽我，使你不見，黑夜卻如白晝發亮。

我睡醒的時候，仍和你同在。上帝啊，求你鑒察我，知道我的心思，試煉我，知道我的意念，看在我裏面有甚麼惡行沒有，引導我走永生的道路。

無疑，華樂的離去帶來親友的傷痛和朋友的困惑。此刻，我們卻要因為上帝的信實和慈愛而向華樂道別。華樂已經以自己的方式完結生命的掙扎，我們說我們不明白；

但我們相信上帝一定明白。華樂可能曾經認為沒有人體會他的苦痛，此刻，他必定知道上帝體會他的苦痛。所以，各位親友和弟兄姊妹，讓我們向華樂道別。

凡事都有定期*

傳道書三章1至11節

安息禮拜

> 凡事都有定期，天下萬務都有定時。生有時，死有時；栽種有時，拔出所栽種的也有時；殺戮有時，醫治有時；拆毀有時，建造有時；哭有時，笑有時；哀慟有時，跳舞有時；拋擲石頭有時，堆聚石頭有時；懷抱有時，不懷抱有時；尋找有時，失落有時；保守有時，捨棄有時；撕裂有時，縫補有時；靜默有時，言語有時；喜愛有時，恨惡有時；爭戰有時，和好有時……

「凡事都有定期。」這可以是讓人感到安心的慰語。經過一日的辛勞，能夠歇息在家，這是何等的安舒。在人生的道路上尋覓打轉，至終找到一個安身之所，這又是何等的欣慰。攀山涉水後能在樹蔭下休憩，這又是何等的舒暢。戰爭後的和平，又是何等的福氣。在苦痛和患難後，能享受平靜安寧，這不啻是福氣，也是恩典。

* 符謝惠霞姊妹是以馬內利浸信會一位叫人尊敬和懷念的姊妹。八〇年代，姊妹被診斷證實患有癌症，後經治療後康復。九〇年代中期，癌症復發。姊妹在病中最愛引用的聖經是傳道書三章1至11節。我特意以這段經文作她安息禮拜的信息。

但這也可以是讓人氣餒的時刻。要拆毀你長期所建造經營的，這不是很叫人沮喪嗎？要捨棄你所珍愛的，這不是叫人依依不捨嗎？要離開你所熟悉的地方，向你的朋友道別，向你所愛的人道別，或看著你所愛的人離去，這不是讓人感到無奈、難過，甚至傷痛嗎？

這是今日我們坐在這裏所懷著的複雜情緒。要向符太道別，這委實不是容易的。符太是我們所尊敬、欣賞和珍愛的姊妹。她的幽默、洞見和智慧是我們所熟悉的，也將會常在我們的心坎裏。她的安息離去，對我們以馬內利浸信會而言，不啻是個損失。如果我們向符太道別也這麼不容易，對她的家人而言，那就更是困難了。她是一起走了幾十年的忠心伴侶，也是一直苛護照顧和循循善導的母親。我們可以感受她家人依依不捨的情懷。

然而，「凡事都有定期」。能看見符太在寧靜和平安中離去，對她家人和我們而言，都是莫大的安慰。不僅對我們是安慰，對符太而言就更是安慰和釋放。

記得當她還在醫院養病的時候，有一天我去探望她，談起她的病，她對我說：「牧師，我不害怕有離去的一天。我只禱告我離去的時候有平安和寧靜。」她繼續說：「好幾年前當我被診斷患上癌症的時候，我禱告上帝，希望我可以照顧當年還是年幼的子女，使他們可以長大成人。上帝聽了我的禱告。經過了這些年，我已經走了一大段路，而我的子女也已經長大。我不擔心安息回到天父處。『凡事都有定期……』」她緩緩地念出傳道書這一段經文。

我現在還能記起她念這段經文的時候，她的面龐散發著安寧與平和。「凡事都有定期」是符太的安慰。事實上，這也是對每一個在基督耶穌裏的人的安慰：「復活在我，生

命也在我。信我的人雖然死了，也必復活；凡活著信我的人必永遠不死。」(約十一25～26)

對人類而言，「凡事都有定期」一直是個謎、困難、命運，甚至咒詛。對基督徒而言，向心愛的人道別是困難的。然而，「凡事都有定期」與死亡都不再是個謎或咒詛，因為我們的主，已經從死裏復活。「死啊，你的權勢在哪裏，你的毒鈎在哪裏？」耶穌基督說：「復活在我，生命也在我。信我的人雖然死了，也必復活；凡活著信我的人必永遠不死。」是的，在我們的心底裏，知道「凡事都有定期」委實是個安慰。因為我們知道在傷害之後，必定會有醫治。在拆毀之後必定有建造。在哭泣過後必有歡笑。在爭戰之後，我們必定見和平。我們知道死有時、生有時。我們相信，死後有永遠生命。因為耶穌基督的應許，在不捨和難過傷痛的同時，我們仍然相信「凡事都有定期」是個安慰和釋放。

親愛的弟兄姊妹，符太已經完成了她的工作。現今她安歇在天父的懷抱裏，這對她和我們而言，都是莫大的安慰。經過這些年間的工作和辛勞，符太才安頓下來。她自長遠的路途走過來了，現在她在生命樹蔭下歇息，在天父的殿裏享受盛宴。她與疾病戰鬥經年，她也打過了美好的仗。如今她正享受著平安。尤有甚者，她已經脫離了病痛和苦難的糾纏，如今她正享受著寧靜、平安和永生。所以，弟兄姊妹，讓我們向姊妹道別。

生命的跑者*

提摩太後書四章6至8節
安息禮拜

> 我現在被澆奠，我離世的時候到了。那美好的仗我已經打過了，當跑的路我已經跑盡了，所信的道我已經守住了。從此以後，有公義的冠冕為我存留，就是按著公義審判的主到了那日要賜給我的；不但賜給我，也賜給凡愛慕他顯現的人。

如果人生是一條路，那麼每一個人都在生命的道路上行走或奔馳。

如果人生是一場仗，那麼每一個人都是生命／生活的戰士。

沒有一個人會例外，不同時代、環境的人都有自己要走的路、自己要打的仗。對於徐延齡姊妹或與她年紀相若的朋友和弟兄姊妹而言，生於中國內戰方平、政局不穩的

---

* 徐延齡姊妹年幼時已隨父母親自內地逃難至香港。在五〇年代成長的人都知道，那個時候的社會，各方面的物資、條件和機會都嚴重匱乏。尤其像徐姊妹這樣一家人從北方南下，語言和文化的適應就更見不易。在拮据的環境下，不少青少年很早就得踏進社會工作，以紓解家庭的經濟壓力，也讓年幼的弟妹可以有接受教育的機會。那個年代的年青人所走的，並不是一條易路。然而，不少人像徐姊妹一樣滿有尊嚴地走過來了。

時代，從逃難至安頓在香港的生活，根本就是一條崎嶇的道路、一場不易打的仗。在那段日子當然沒有免費教育，社會的援助和資源也闕如，生活條件實在相當清苦。在那些日子裏，許多青少年人要肩負起家庭的責任和弟妹的教育的擔子，必須跨過許多的欄障才能夠爭取學習一技之長的機會。

然而，艱苦的時代並沒有侵蝕這一代人的心靈和生命。在艱苦歲月裏走過來的人，可以帶著不平，甚至「寧我負天下人，莫天下人負我」的心態。但徐姊妹卻默默和忠心地在醫院裏服務病人，為家庭付出。對於我們這一代的香港人，這講求璀燦絢爛、但卻極為自我而脆弱的一代，也許應從上一代的兄姊身上好好學習怎樣平凡、踏實、真摯地生活。好好地跑我們能跑的道路，打我們應該打的仗。

然而，無論是跑手還是戰士，我們總有疲乏的一天。在這些日子，我們的步履會緩慢、力氣會衰弱、視野會模糊。我們會懷疑，我們所跑的道路是跑得其所的嗎？我們所打的仗果真是值得打的嗎？我們的堅持和執著，真的是我們應當堅持和執著的嗎？

是的，無論如何良善的人，總會有下滑至低谷的日子，而最大的幽谷莫如身體的衰殘和難纏的疾病。但也許正是在這些「死蔭的幽谷」裏，我們會確切地想我們將要怎樣走前面人生的道路、打生活的仗。

早前在接受過治療後，她在給同僚的一封信上寫道：「我已打完了新的抗癌藥，現在醫生說我可以上班了，希望我以後工作的表現能令更多的病人得好處，因為我覺得自己以後的日子都是上帝特別施恩給我的，我絕不可輕易浪費。」

也是在這些日子裏，我們要回首看看走過的人生道路，再問終點又將在哪兒；我們會回想我們打過的仗，終局又將會如何。跑到道路的盡頭，戰至最後的一刻，也許我們會頓悟，無論是平凡還是璀燦，面對生命的盡頭，根本就沒有甚麼不同，惟一的分別是究竟你是否知道要去哪裏，惟一的分別是究竟你是否知道有冠冕為你存留。誠然，每一個人都有自己要跑的道路，有自己要打的仗。有人跑的路比較長，作的戰比較久，但總有一天跑到盡頭，總有一天要結束戰爭，沒有人可以例外，分別僅在於我們是否知道我們怎樣走過來，分別在於我們是否知我們往哪裏去。

對延齡姊妹而言，這不是一條太長的道路，才五十年多一些。這不是一場太長的仗，才五十年多一些。但如果人生是一條路，那麼徐姊妹就是一位生命的跑者：「當跑的路已經跑盡了。」如果人生是一場仗，那麼徐姊妹就是一位生命的戰士：「那美好的仗已經打過了。」

碎片、彩虹、圖畫：給詠思和應仕*

創世記九章12至17節；羅馬書八章28節

婚禮

大概是二十多年前吧，我總喜歡在中午收聽一個叫《幸福玻璃球》的電台節目。它的開場白是這樣的：

> 幸福就好像一個打碎了的玻璃球。幸福的碎片散滿地上，有人拾得多些，可也有人拾得比較少。沒有人可以拾得全部，也沒有人一無所有。

我承認在那個時候我還不太聽得懂。當時我還是一個年輕的傳道人，展望著前面事奉的道路。我是這麼想、這樣相信：「只要我盡全力付出，我就可以做得到，一天我也會找到我的幸福玻璃球。」在座的朋友、弟兄姊妹，包括應仕和詠思，在你們人生某一個階段裏，或許曾經也有過這樣的想法。

* 這篇是為詠思和應仕寫的婚禮講章。應仕原先的妻子因為癌病安息，遺下可愛的女兒(Eunice)和兒子(Vincent)。經過幾年心靈的調理和復原，應仕與詠思發展感情，計劃開始新的生活。在與他們傾談的過程裏，我感受他們體會生命的轉折和起跌，也因而珍惜上帝的應許和眷守。

隨著歲月過去，我慢慢發覺我像其他人一樣，都在撿拾幸福的碎片。只要我們看看四周，會驚訝自己手上的碎片，竟也比別人多。但只要我們再細心看看，也一定看見有些比我們擁有更多碎片的朋友。

沒有人可以拾得全部，也沒有人一無所有。

再者，當我們愈成長，我們愈知道和欣賞這個撿拾碎片的過程。因為我們漸漸體會，我們不僅僅是撿拾碎片，同時也在配對湊合。從某個角度看，撿拾幸福碎片就好像拼圖一樣，需要無比的耐性、努力、堅忍和信心。有些時候我們苦心經營卻無法找到切合的片斷，好不容易找到了，卻又發覺不一定可以按我們的計劃和心意永遠擁有。

只要我們成長，自會發覺所有的碎片竟也逐漸成形，而我們的圖畫也愈見清楚。縱使我們不一定擁有或得到我們所希望的，縱使過程緩慢，我們總相信這幀圖畫會是愈更清晰。我們這樣相信，是基於上帝的保守(God's Providence)。不錯，在我們撿拾和配對的漫長甚或痛苦過程裏，上帝隱藏而又確實地工作，逐漸使我們的圖畫清晰、夢想成真。儘管在許多時候，我們可能處身在灰暗幽蔽的環境裏(就好像近日不穩定的天氣一樣)，上帝仍然在工作。

我們曉得萬事都互相效力，叫愛上帝的人得益處，就是按他旨意被召的人。(羅八28)

儘管風雨黑雲，我們還是相信彩虹必現。因為上帝不曾忘記我們：

……我把虹放在雲彩中，這就可作我與地立約的記號了……（創九12～17）

上帝的確一直在我們生命中工作和雕塑。祂默默地以忍耐、情愛、恩慈、信實在你們生命裏動工。不僅過去如此，我相信祂會繼續透過你們的生命來工作。上帝呼召應仕和詠思，還有Eunice和Vincent，以忍耐、信心和盼望，完成你們生命的圖畫。

當失算變成恩典：For Dabbie and Matthew *

約翰福音二章1至11節

婚禮

我相信你倆一定能夠體會這種讓人焦燥的感受，對嗎？經過一切的部署和準備，事情竟然未如籌備和計算所料那樣進行。所有事宜都是經過仔細的計算和預備的，凡能夠想的已經想好，凡可以預計的已經預計了，像食物、場地、音樂、酒水、佈置等等，凡能夠想及的都已經預備好了。

「沒酒了！」

「沒酒了？」

「怎麼可能？不是都算好、計劃好了的嗎？」

你和我都知道，儘管算好計盡，甚麼天氣、場地、人數等等，都一一算過了。你甚至綵排多次以保萬一。但生

---

* Dabbie和Matthew是一對認真、可愛和真摯的年青人。他們對工作和事奉都有很好的計劃和憧憬。當然，這些籌劃和期望不免成為生活裏的壓力。正如講章的題目所示，這篇講章勸勉人將焦點自計劃轉移到上帝的應許。

命裏總是會出狀況，一些出乎你意料之外的情況：「抱歉，沒酒了！」

這不僅在婚禮發生，在任何場合，生活裏的每一天、每一層面都可以發生，都會發生。

你可能會問：「發生這樣的情況時我們可以作甚麼？」

可你還能作甚麼？所有可能的情況你已經算準、計劃、預備。你還能作甚麼？其實，當出了狀況的時候，問題不在你能作甚麼；問題在於你怎樣看。

就以約翰所記載的迦拿婚宴為例。你認為賓客前來是因為場地美輪美奐嗎？是因為音樂嗎？還是食物呢？都不是。賓客來臨是為了一對新人，也許他們是看著新人長大的長輩，也許是其他的鄰舍或友人。他們之到來，並不是因為新人的計算和計劃。

同樣，今午參加Matthew和Dabbie婚禮的，有許多的親友、同事和弟兄姊妹。你認為他們來是因為聖約翰座堂這個典雅莊嚴的建築物？還是北角浸信會的詩班？他們來是因為你們兩位。而你們兩位今午站在聖壇前，也不是因著計劃和預備，而是因為對方是你們深愛和願意交託終生的伴侶。

所以，就算有未如所料的情況出現，也要記得賓客們的到來是因為你們，不是你們的預備和計劃。要記得你們站在這裏是因為對方。不錯，總會有這樣那樣的錯漏，那又何妨？他們重視你們兩位過於一切。所以，你們也要享受他們的蒞臨和祝福，享受這一刻在上帝面前的立約。

讓我們回到迦拿的婚宴。

賓客陸續開始散去了。你聽到他們在談甚麼嗎？有幾個人稱讚婚宴的食物不錯。也有人說場地佈置美輪美奐。

另外幾位讚賞音樂將婚宴配襯得熱鬧非常。但每一個賓客都談論、祝福、欣羨一對新人。只是好像沒有人曾注意到婚宴裏失算的地方。若有，只怕也不過是一兩位吧。可你知道嗎？在散去的人潮中，我聽到有些人提及這個婚宴的獨特之處。

「這個婚宴很特別。」

「我也覺得。」

「對，那酒特別的好。」

對於那些知道的人而言，他們知道是主耶穌將水變成酒。或者我們可以說，是主將失算、意料之外的情況轉變成為恩典。但對那些不知情的人來說，經過幾個月或幾年，他們會回來問這對新人：「是甚麼使得你們的婚宴、你們的家庭如此獨特？」

在某一天，當你們的親友問你們：「是甚麼使得你們的婚宴、你們的家庭如此獨特？」我希望你們會指向基督耶穌，因為是祂的恩惠和慈愛，將不同的失算轉化成為好酒。就好像你們在婚禮程序表裏所引用保羅的一段經文：

上帝為愛祂的人所預備的，
是眼睛未曾看見，
耳朵未曾聽見，
人心也未曾想到的。（林前二9）

阿們。

一個家庭的故事

創世記三十七章1至35節

家庭主日崇拜

在舊約聖經創世記二十九至五十章裏，記載了雅各家族的故事。眾多的子女中，雅各獨疼愛幼子約瑟。聖經說，約瑟是雅各在年紀老邁時所生的。不僅如此，約瑟還是由雅各最愛的妻子拉結所生的。當小孩子出生的時候，他們為他取名約瑟，意即「加增」、「添加」的意思(創三十24)。這個小孩的誕生，為拉結帶來一個祈願，希望上帝再為其加添一個男孩。從某個角度看，約瑟的誕生也為拉結添加了榮譽。畢竟，這是她多年來第一個男孩。就雅各而言，約瑟的誕生也是特別有意義的。因為正正就在約瑟誕生之後，雅各向他的岳父拉班宣告獨立的意向(創三十25)。重要的是，雅各成功爭取獨立。從那時起，雅各正式有自己的家族、財富和榮譽。

雅各鍾愛約瑟，並不是沒有道理的。特別在拉結離世之後，雅各更將對拉結的愛傾倒在約瑟身上。然而，儘管我們可以從客觀條件來理解雅各對約瑟的偏愛，但我們也能體會，人與人之間的關係往往不是全然理性的。我們固然可以從嗜好、性格、背景和習慣來解釋人際間情誼的建立，但「一見如故」正說明了人與人之間的親和並不一定是可以理喻的。人遇見另一個讓他勾起往昔愉悅日子的人，雖然未曾深入認識，也覺得親近非常。偶爾碰到一些挑起潛意識裏和過去的傷痕的人，竟會萌生出一種莫名的厭煩感覺。事實上，家庭裏的關係亦免不了這種不理性的因素。有家庭因為小孩子誕生時事業有轉機而特加寵愛；也有小孩子因出生時不巧遇著家庭遭遇變故而遭受白眼或不平的待遇。在雅各的眼裏，約瑟也許是拉結和自我的結合，他「愛約瑟過於愛眾子」。

愛本來不是問題。但當愛導致分裂和黨派，當愛撒播嫉妒、誤解和苦毒的種籽，當愛將人分成等級造成爭競和鬥爭，愛恐怕已經不再是愛了。這等扭曲的「愛」見諸家庭、教會、社會、族羣和國家，造成許多的傷痛和怨恨。

奇怪的是，雅各本來也是身受其苦的。他自己就是這種「愛」的受害者。他的母親疼愛他，而他的父親則疼愛他的兄長以掃。這種「愛」帶來了計謀、怨恨和苦毒(創二十七章)。雅各是知道的；然而，他並沒有從苦痛中學會應學的功課。他竟然在自己的家庭裏延續這種創傷。

兄弟間爭競的高潮，見諸雅各送約瑟的彩衣和約瑟作夢的異稟。彩衣使兄弟劃了界限，而夢將兄弟分了等級。結果是悲慘的，因為沒有任何事情比家庭裏的爭鬥更使人痛心。

我們可以從這個故事裏學會甚麼功課？首先，這是一個家庭的故事。這是一個家庭可以怎樣傷害人的故事。這也是一個上帝可以在破碎家庭裏工作的故事。就算是像雅各這樣一個真實、醜陋和破碎的家庭裏，上帝仍然可以在爭鬥、憎恨、謀算和惡毒裏工作和施行救贖。約瑟後來輾轉到了埃及，竟也成為他的父親和兄弟們得救助的因由。當然，救主耶穌正是出自雅各的血脈，是這個家庭的後裔。

在座的兄姊，如果你出自一個溫暖、體諒和滿有支持的家庭，在感謝天父之餘，你也應該對你的雙親表達謝意，對你的兄弟姊妹表示欣賞。為人父母者，你若有相親相愛的子女，你也應為此感恩。只要你看看近日的家庭慘案，你就知道幸福並不是必然的。

如果兄姊你的家庭像雅各的家庭一樣，我禱告你能相信上帝可以奇妙地在你的生命和家庭裏工作。如果你相信上帝和祂的工作，你就沒有任何放棄自己的理由。儘管你的家庭破碎或傷痕纍纍，但這並不能注定你的言語、行為、意念、價值和人生必定因此而低下鄙俗。約瑟被賣到埃及後曾遭受主母引誘。他坎坷的遭遇並沒有剝削他生命的素質和情操。他對引誘他的主母說：「我怎能作這大惡，得罪上帝呢？」(創三十九9)

最後，這是一個在聖經裏的故事。既然它是聖經裏的故事，它就不僅僅是一個家庭的故事，也不只是上帝在一個家庭裏作工的故事，而是上帝在更大的家庭裏作工的故事了。

如果我們能放眼教會、社會和國際，不難發現這個大家庭委實在仇恨、怨憤和苦毒中。也許雅各的故事，足以讓我們反省我們究竟以怎樣的價值和標準看待我們的手足。我們同時可以反省，我們與夥伴親和結連的「愛」，是締造和平還是爭鬥？是苦毒還是仁愛？無疑人與人之間的親和，永遠不可能是完全一樣的。無論是在家庭、教會、辦公室、社會和國際間，總有某些人與另一些人較投契。也總有一些人較別人更聰穎。然而，彩衣必定會帶來殺害嗎？恩賜必定造成等級或嫉妒嗎？

彩衣和恩賜可以成為祝福的源頭嗎？彩衣和恩賜可以成為服事的象徵嗎？誠然，上帝可以在破碎的家庭作工，但我相信上帝仍然希望祂的受造物知道怎樣過真正的家庭生活。這是祂為甚麼要差遣祂的愛子來到這世上的原因。上帝藉著祂的愛子耶穌基督的生命，讓世人知道真正的恩賜和寵愛，是要使其他人得到福氣：

人子來不是要受人的服事，乃是要服事人。（可十45）

附錄

經課宣講：歷史、神學和實踐*

在教會的崇拜生活裏，宣講職事之重要是不容置疑的。忠誠和有效的宣講，能為會眾帶來生氣，塑造他們生命的素質。然而，宣講的能力和果效是累積的。會眾的生命得益處，不是一兩篇講章所能達至，而是需要在漫長的過程裏，每週用心開墾和澆灌。信仰和生命的豐富，並不是幾段經文或一篇兩篇講章所能盛載的。宣講者必須耐心、恆久並全面地以神的話語牧養會眾。[1]

有效和全面的宣講不能缺少「計劃」。在不同的宣講計劃裏，[2]兼備歷史、神學意義和實用價值的「經課宣講」(Lectionary Preaching)，卻是「非禮儀教會」(Free Church) 的遺珠。本文希望藉介紹經課宣講的歷史和意義，為不熟悉經課傳統的堂會教牧提供一個宣講職事的資源。本文將先回顧經課的源起和演變，繼而探討背後的神學和意義，最後評估及陳述經課宣講的貢獻和限制。

經課的歷史和演變

「經課」(lectionary，或譯作「讀經表」) 一詞是指從聖經

---

* 原收於《山道期刊》，卷五，第二期，頁103～123。蒙允轉載。

裏編選經文，按著次序整理及編排經文，以作公開崇拜誦讀宣講之用。所以，經課的重要性，正在於其在公開崇拜的角色。[3]不過，對於非禮儀教會而言，經課卻是一個陌生的詞彙，甚或只是部分教會的傳統習慣而已。

從基督教二千年的歷史看，經課的確是教會豐富資產裏一件瑰寶，而不僅僅是一個傳統或形式。追本溯源，經課的使用並不始於基督教本身。如果從猶太人的信仰傳統習慣説起，經文選讀可能在會堂時期就已經出現：[4]

> 耶穌來到拿撒勒，就是他長大的地方。在安息日，照他平常的規矩進了會堂，站起來要念聖經。有人把先知以賽亞的書交給他，他就打開，找到一處寫著說……(路四16～17；另參徒十三14)

從現存的文獻和記錄裏，現代讀者無法完全確定古代會堂讀經的編排和原則。[5]至於新約時代的猶太會堂，可能是以律法、先知書和詩篇(包括其他智慧文學的作品)分類，按次序或節期選讀經文。[6]早期教會採納了會堂在聚會時讀經的習俗，這是不爭的事實。[7]而早期教會在聚會裏閱讀的經文，除了猶太人的經書外，還應該包括後來成為正典、即我們現今稱之為新約的書卷，如使徒的書信和福音書。新約中的歌羅西書就有以下的見證：

> 你們念了這書信〔歌羅西書〕，便交給老底嘉的教會，叫他們也念；你們也要念從老底嘉來的書信。[8]

遠古時代沒有印刷術，書寫、收藏和閱讀並不是個人的興趣或休閒嗜好，而是與羣體分不開的活動。對於宗教羣體而言，經書的誦讀更是與羣體的敬拜聚集有密切的關係。無論是猶太會堂或是早期的基督徒羣體，經文的選讀是在信仰羣體的公開崇拜裏逐漸成型。所以，教會的經課發展和編排，與她的崇拜生活是息息相關的。

自猶太會堂中萌芽的基督教會，在首兩個世紀未必有固定的經課編排。儘管如此，從福音書、書信，以至教父們的作品，都顯示初代教會以耶穌為崇拜的中心。耶穌既是崇拜的焦點和中心，其生平和世上職事自然是選讀經文的最終考慮。[9]所以，在早期教會崇拜裏，經文的選讀往往以猶太的經書演繹耶穌的身分和職事，加強認識和理解耶穌是基督，以啟迪信徒的生命成長。

耶穌在世上的工作，有特定的歷史和猶太文化元素。因著這些元素，教會對耶穌的認識和敬拜，也通過猶太時令節期的主題而有所表達。舉例說，新約書卷將耶穌喻作逾越節的羔羊，以出埃及的主題描述世人因基督而得以脫離罪惡的壓迫。這顯示早期教會以猶太節期的主題編選、撰寫、演繹舊約經文，表達對耶穌基督的敬拜。

雖說基督教會是從猶太會堂的習俗文化裏萌芽，但隨著教會的發展，經文的編選，亦逐漸在猶太文化之外加上本身獨特的信念和元素。自一世紀末二世紀初，教會的崇拜已逐漸具備自己的特色。從安息日的崇拜轉至週日（主日)的崇拜就是其中一個重要的分別。[10]週日是猶太人和早期教會所說的「七日的頭一日」。按猶太人的曆法,這一日是工作日,一般而言並沒有甚麼宗教禮儀的重要性。但對基督徒而言,這卻是基督從死裏復活的一日。由此可見,這個改動正表示兩個信仰羣體對崇拜體認的差異。雖然兩者都是敬拜神,但基督教會對神的禮拜,是通過對神在耶穌基督裏的工作和救贖而表達和領受的。這個中心的調校,逐漸發展成一個時間的框架——教會年。而經文的選編亦與這個框架有密不可分的關係。

教會年的形成與經課的訂立

教會根據耶穌基督在世救贖的工作次序,將時間劃分成幾個時段,是為「教會年」(Church Year, Christian Year, Liturgical Year)。教會在每個主日裏聚集敬拜,是表達她記念耶穌基督代贖的大恩,並慶祝祂勝過死亡。這是教會崇拜的基礎,也是教會在首幾個世紀裏惟一的慶典。這在一世紀保羅的書信裏已見端倪:

> 你們既是無酵的麵,應當把舊酵除淨,好使你們成為新團;因為我們逾越節的羔羊基督已經被殺獻祭了。所以,我們守這節不可用舊酵,也不可用惡毒、邪惡的酵,只用誠實真正的無酵餅。(林前五7~8)

如以上討論所提,基督教會對耶穌基督救贖的體會,乃源於猶太文化信仰裏代贖的主題。是故,教會及後將每年一次的猶太人逾越節,轉化成為以基督耶穌為中心的「節期」，也是順理成章的。今天教會每年一次的「復活節」，[11] 正是教會從逾越節演變和定立的第一個基督教節期。根據四世紀撰寫教會歷史的烏西比亞(Eusebius)所言，這個節日最早可以追溯至二世紀初期。[12]節日的中心原是記念基督受苦、慶祝祂的復活。所以，守望禱告(Easter Vigil)和禁食聚會，都是崇拜的中心。記念耶穌基督的受死和復活，隨著教會的發展逐漸擴展為一個循環：受苦日(Good Friday)、神聖週六(Holy Saturday)、棕樹主日(Palm Sunday)、四十日的預苦期(Lent)等。這些節期的形成，並不是「人為」的產物。教會並不能無中生有地製定這些節期，它們乃是按使徒和福音書有關耶穌基督生平和職事的記述整合而成的。換言之，聖經的經文塑造了節期循環的規模和框架。從牧養的角度看，從單日節期發展至幾週的節期，可為會眾守節作更完整的預備。

基督教會另一個重要節日「聖誕節」(Christmas)和「顯現節」(Epiphany)，則是教會在四世紀時建立的傳統。最早見證十二月二十五日為聖誕節期的，是公元三五四年的一份文件。[13]但究竟這個日子是否確實為耶穌基督誕生的日期，學者至今仍眾說紛紜。有兩個較流行的講法，其中一個認為，十二月二十五日聖誕節的前身，是羅馬君王歐利安(Aurelian)在公元二七四年，為祭祀太陽神("Unconquered Sun-God", *Natale Solis Invicti*)而設立的節日。四世紀的羅馬教會為了避免信徒受異教節日的影響，以十二月二十五日為基督耶穌誕生之日，藉此抗衡異教的傳統。當然，將耶穌基督的誕生與太陽神聯繫，這並不是完全講不通的。瑪拉基書四章2節提及「公義的日頭」，新約作品裏亦有不少經文以「光」比喻耶穌基督的身分和工作。如果十二月二十五日真有異教背景的話，四世紀在羅馬的教會是要通過大眾熟悉的日子，向世界宣告「真光」已經來臨了。

另一個理論，則是推算出十二月二十五日為耶穌基督的誕生日。這個講法是根據路加福音，認為施浸約翰成孕於秋分，而出生於夏至。按路加福音，耶穌成孕晚於約翰六個月，即在春分（即三月二十五日），由此推算，祂便是生於十二月二十五日。[14]

既然福音書對此沒有詳細記載，加上古代曆法的演算和系統不一，耶穌出生的日子實在不易確定。然而教會所以製定「聖誕節期」，確實是基於信仰和實用的需要。無論聖誕節期的日子是否與異教節期有關，教會必須宣告和記念耶穌基督的降生及其意義。不能確定耶穌降生的日子，並不表示教會可以取消這個記念基督降世施行救贖的節期。如果教會認信耶穌基督是道成了肉身，選定一個日期來記念祂的降生，於神學或實用上都是合理不過的舉措。

與復活節引申出「預苦期」相仿，聖誕節亦逐漸發展為長達四個星期的「將臨期」（Advent）。一如「預苦期」是為思念耶穌基督的受苦而作預備，「將臨期」是為迎接耶穌基督降臨而作預備。

教會經年累月對耶穌基督的認信和禮拜，從四世紀開始漸漸成為固定的週期。[15]這種寓時間於崇拜，寓崇拜於生活的交織循環，逐漸形成了教會年曆的規模。四世紀的屈修多慕（Chrysostom）的見證，說明了這個傳統的確立：「如果基督沒有降生為人，祂就不會接受浸禮（即顯現），也就不會受難和復活，也就不會差遣聖靈降臨（即五旬）。」[16]

教會年曆的框架，本來只繫於基督耶穌的降生、受死、復活和聖靈降臨的段落，也是符合聖經（特別新約）所記述的。但隨著教會的發展，年曆日漸汲納和製訂了更多的節日和主題。而不同地域的教會傳統，更各自有其經課的編排。[17]加上教會崇拜的主題和目的，並其他的原因，經課的發展也就愈趨複雜。[18]

教會在十六世紀經歷宗教改革，經課亦不能避免地在不同的宗派裏受到不同程度的修改和調節。羅馬天主教於一五七〇年在天特會議（The Council of Trent）確立了天主教的經課（Missal of 1570），而英國的教會和馬丁路德則以西方的經課為基礎，調校出自己的經課規模。在不同的宗派背景和神學重點下，除了基本的節期框架以外（主降、受苦等），經課的面貌可以說是相當多元化。馬丁路德原則上仍採納西方教會的經課傳統，但卻著重慶祝主日和與基督生平和事蹟有關的節期，摒除了其餘的「聖人」節日。而英國的聖公教會除了慶祝有關基督的節期外，還保留聖經所提及的人物的節日及眾聖日（All Saints Day）。「非禮儀教會」和「極端的改革派」（radical Reformation）則完全拒絕在崇拜裏使用經課，而是按經卷、逐章逐節地宣講或誦讀（*lectio continua*）。

踏入二十世紀六〇年代，教會力求更新，其中一環正是經課的修訂。英國的禮儀聯合工作小組（British Joint Liturgical Group）提議的兩年循環經課（two-year cycle）獲英國教會的崇拜所採納。[19]這個規劃為每個主日和聖日（如受苦節）的崇拜指定三段經文，分別是舊約、書信和福音書。全年經課的編排是以救恩歷史為綱領骨幹：在迎接基督降生的「將臨節」以先，經課以創造、墮落、挪亞、亞伯拉罕、摩西等救恩事件的次序編排。

在天主教方面，梵蒂岡第二次會議(1963年)追本溯源地強調聖經在崇拜裏的重要性：「聖經的寶藏應該毫不吝嗇地向會眾開啟，使信眾能在神面前有更豐盛的領受。因此，〔教會〕應在固定的循環年期間向信眾宣讀更有代表性的聖經。」[20]承接會議的指引，十八名工作小組成員深入研究及整理當時的經課傳統，並徵詢三十多位聖經學者的意見，於一九六九年提出了分別以馬太、馬可(及約翰)、路加三卷福音書為基礎的經課循環(three-year cycle)，再配合舊約經文(以強調、對比或承托福音書的經文)和新約的書信經文。

這個經課循環廣為基督教會的宗派所採用，[21]八〇年代初期北美的教會成立了一個跨宗派的組織(North American Committee for Calendar and Lectionary)，以製訂更統一的經課計劃。一九八三年這個經課計劃 *The Common Lectionary* 正式出版，後於一九九二年修訂為 *Revised Common Lectionary*(一般簡稱為RCL)。

「經課」的現貌

現時一般教會(包括聖公會、信義會、路德會、長老會、改革宗、循道聯合教會、浸信會、天主教會等)所採用的經課(即1992年的 *Revised Common Lectionary*)，是以西方教會的年曆(Western Church Calendar)為基礎，為教會的崇拜編排三年的選讀和宣講經文的循環，目的是引領會眾更深體認並信仰基督。從這經課循環可見，福音書乃是經課編排的基本框架。這是不難理解的；經課既以神在耶穌基督裏的救贖為主要綱領，陳述基督在世生平和職事的福音書，自然是整個經課的框架：

第一年（Year A）馬太福音

第二年（Year B）馬可福音

第三年（Year C）路加福音

在三年的循環裏，符類福音(馬太、馬可、路加)的經文構成了耶穌生平的基本部分。而新約第四卷福音書——約翰福音，則穿插於每年的經文裏。

除了福音書的經文，每組經課必定有新約書信的經文和舊約經文。這個組合既有平衡新舊約經文的意思，也有兩約的信息互相呼應統一的含意。然而，因為教會的崇拜是以神在基督耶穌裏的救贖工作為中心，舊約經文的選讀就著重對照(parallel)、對比(contrast)或預表(type)新約經文的信息，以突顯基督生平和職事的啟示。

是故，經課的經文一般有四段，分別取自舊約(兩段)和新約(兩段)，合共四段：

舊約　詩篇

舊約　其他

新約　福音書

新約　書信

例：*Revised Common Lectionary* 二月(Year A)的經文

顯現後第四主日	**變像主日**	**預苦期(第一)**
詩十五篇	詩二篇	詩三十二篇
彌六1~8	出二十四12~18	創二15~17，三1~7
太五1~12	太十七1~9	太四1~11
林前一18~31	彼後一16~21	羅五12~18

節期及主題

從以上「教會年的形成和經課的訂立」的討論裏，可知教會透過劃分時間，將神在耶穌基督裏的救贖工作分成幾個時期。在崇拜的處境裏，這就是表達教會認信耶穌基督的節期和慶典了。教會年的節期與福音書的配合，成為了經課編排的框架。以下是環繞基督生平的基本週期及節期：

1. 基督的誕生

將臨、聖誕、顯現都與基督誕生、世界的光來到有關（見約一1～9）。這三個節期一般稱為光的週期，因為它們聚焦在基督、世界之光身上。「將臨」一詞解作來臨，它代表基督未誕生前教會佇候彌賽亞來臨的那段時間（見賽十一1～9）。「聖誕節」慶祝基督誕生、道成了肉身住在我們中間（見路二1～14）。「顯現期」有「彰顯」的意思，指耶穌向世界彰顯為彌賽亞、神的兒子、世界的救主。顯現期通常在一月六日開始（聖誕後十二日），主題包括慶祝博士來朝見耶穌和獻禮（太二1～12）、耶穌接受浸禮（四卷福音書的記載），並耶穌在迦拿所行的第一件神蹟——將水變酒（約二11）。

2. 基督的受苦和復活

教會年的第二個週期包括「預苦」、「受苦週」（Holy Week）和「復活節」（Easter），並結束於五旬節（Pentecost）來臨前。這個系列有時被稱為生命的週期，因為它讓我們回憶耶穌的死和復活。預苦在拉丁文是「春天」的意思，象徵生命馬上開始。這字的屬靈意義就是預備，而在預苦期，我們預備與耶穌步向祂的死亡。預苦期有四十日，這數目是取其象徵意義。摩西四十年在曠野，耶穌也四十日在曠野，他們都為前面的使命而作屬靈的裝備，這是其核心意義所在(太四1～11)。在受苦週裏，教會重現導致耶穌被釘的最後事件，而肇事的地方則是耶路撒冷。在這週裏基督徒刻記每一件事發生的地方。(今天的苦路之旅就是在這條古舊的道路上重歷當日十架的道路。)最後的一個星期以「棕樹主日」開始，以三個 Triduum(三大日子)結束。這三個日子是「濯足日」(Maundy Thursday)、「受難節」和星期六的「守望禱告」(the Great Vigil)。復活節則慶祝耶穌從死裏復活，並慶祝信靠祂的人也能從死裏復活(林前十五20～28)。

3. 五旬節和主再來

五旬節刻記聖靈的降臨、教會的誕生，並對耶穌再來的盼望。五旬節本屬猶太人的節期。按利未記二十三章16至17節所記，在無酵節後「第七個安息日的次日，共計五十天，又要將新素祭獻給耶和華。要從你們的住處取出細麵伊法十分之二，加酵，烤成兩個搖祭的餅，當作初熟之物，獻給耶和華」。在新約時期，五旬節也是猶太人記念摩西在西乃山領受律法的一個節日。[22]對基督教會而言，五旬節的意義則在於標誌聖靈的降臨和教會的誕生。[23]

五旬節結束了第二週期的復活節，並開始了第三個週期。從五旬節到基督為王主日(即將臨期前最後一個主日，也是光的週期的開始)，這第三個時段稱為「平常期」(Ordinary Time)，因為在五旬節後並沒有救贖事件。然而，每個星期日都是慶祝耶穌的死和復活的日子。從這個角度看，每個星期日都是「小復活節」。五旬節期讓人回想和記念教會的誕生、她的源頭和成長。五旬節完結後，教會將注意力集中在主耶穌的再來。這是五旬節以基督為王主日完結的原因。

經課的神學意義

從經課的歷史和形成可見，它不僅是經文的編選，而且是一個詮釋和宣講。信仰羣體循著教會年的框架編製經課，見證和宣講神藉耶穌基督對世界施行救贖。早期教會每次的崇拜，是宣告神在基督耶穌裏的工作，認信神迄今仍通過聖靈在基督的身體(教會)裏繼續作工。在週而復始的崇拜裏，經課宣告神賜予世界的恩惠，認信神是過去、現在、將來一直不間斷施行救贖的主宰，人是不斷領受恩典的受造物。

通過經課和教會年的節期，教會得以澄清個人或羣體生命的次序和價值，確認神才是歷史的主宰。無論世界的價值觀如何混亂顛倒，各國和族體間如何爭鬥，人類的前途如何灰暗，每當信仰羣體聚集的時候，經課卻提醒教會，必須以神的眼光審視生命。經課提醒教會，生命既不是偶然，也不是無奈。神過去通過耶穌基督施行拯救，現在以聖靈賜下啟迪，將來也必然貫徹始終地完成祂救贖和審判的工作。因著神，教會可以有、也必須有相信的勇氣和盼望的力量。

所以，教會年不同的節期，是從不同的角度帶領教會回憶和重新經歷神的恩典。在經課的計劃裏，神永遠是崇拜的中心。人到神面前，藉思念神的作為而與神相遇。在經課的計劃裏，人的議程和關注必須放置在神的工作和救贖之下。人的歷史，只能附屬在神的救恩歷史裏。自「將臨」、「聖誕」、「顯現」、「預苦」、「復活」一直到「五旬」，經課一再重複地說明，這位已經「成了肉身」的主宰，是那不離不棄、滿有恩情的神。

教會年的經課中心是基督耶穌的生平，這是提醒教會和信徒，他們的生命乃繫於教會的元首耶穌基督。在崇拜裏，教會藉著經課將目光聚焦於神在耶穌基督裏的工作，也投射到自身的生命和當下的處境裏。神既掌管世界的歷史，祂也必然帶領教會和信徒的生命。正如神於二千年前在基督耶穌裏與人相遇，教會今天在重溫基督耶穌的生平時，仍然可體會與神相遇的實在。這循環的經課指示歷史的終極方向——世界必須在歷史的盡頭面對這位審判的主宰。在這個信念下，個人也必須向主負責自己的生命。因此，年復年、月復月、日復日的崇拜，是將認信的內容與成聖的生活結合。

然而，經課所觸及的，還不只是個人或個別教會的生命，更是基督的身體——普世教會的身體。正如上文所論，經課是將個人或地方教會的議程和關注置於神的救贖之下。既然如此，藉經課崇拜的教會，理論上都有同一的視野，也在同一的座標上。不同宗派、文化、種族或地域的聖徒，因而在神的話語和救贖的軌迹和工程上得以相通。這是經課在教會論 (ecclesiology) 方面的神學意義。

以上討論了經課和教會年的由來，也闡明了其意義。顯而易見，經課的淵源歷史，其實遠在新約時期已存在。經課和教會年的起始和定型，也是基於早期教會信仰核心表達的延續，並不是始於後來的宗派傳統。誠然，在教會接近二千年的信仰旅途上，信仰的體會和經驗有時候免不了因為種種原因而僵化，後來反倒成了困人的鐵屋子。這是任何宗派、傳統、經驗或特色所不能倖免的。接續或承繼傳統的後學，不應歸咎傳統的包袱而因噎廢食，倒宜深入了解，取其菁、去其蕪，心意更新而變化。

經課與宣講

教會在崇拜裏宣講聖經，聖經的位置是不容置疑的。縱使在教會接近二千年的起跌和轉變裏，宣講聖經的形式各自有異，但從初期教會起，聖經在崇拜裏的地位就極為重要。就是曾經強調傳統禮儀的羅馬天主教會，在梵蒂岡第二次會議後，也重拾聖經在崇拜裏的位置。循此觀點，問題的核心並不在於要不要在崇拜裏宣講聖經，而是如何在崇拜裏宣講聖經。

在一般不使用經課的崇拜裏，有幾種選取和宣講聖經經文的方式。一是按經卷按章節，二是因應教會(或聯會／總會)擬訂的月份主題，三是配合地方教會當年事工的方向和目的。

上述幾種選定經文的方法各有優點。按經卷和章節宣講的好處，在於能讓會眾對聖經經文有整體的了解，而不致局限於傳道者個人的興趣或專長。然而，按經卷選取經文也不無缺點。如果按經卷章節宣講是要讓會眾全面地理解聖經，崇拜的宣講就自然以教導為主。誠然，宣講固然有教導的元素，但教導卻不能完全等同宣講；崇拜裏的宣講也不必重複實踐教導職事的主日學。另一方面，按經卷章節宣講，不免要思考是否所有經文都可以宣講。理論上，「聖經都是神所默示的」；但實際上，每一段每一節經文是否具有同樣的宣講素質，這是極需要討論的。[24]再說，即使宣講者能宣講每一章每一節的經文，在宣講較長的經卷(如詩篇、歷史書卷等)時，重複和冗贅之處可能反倒對崇拜應有的中心產生反效果。

一般而言，教會按月份所訂的主題，包含了教會或宗派的傳統和時節重點。舉例說，不少教會以十二月為「感恩月」，是因為年近歲晚，要回首神在過去一年的眷顧保守。另外以一月為「就職月」，是因為在教會事奉的弟兄姊妹往往在一月交職，教會要藉「就職月」肯定和鼓勵會眾參與事奉。類似的「家庭月」、「青年月」、「宣教月」、「福音月」、「栽培月」等，莫不以個別主題為該月的崇拜重點，強化會眾對教會事工和方向的歸屬感和認同。這種選定經文的方法，無疑能將崇拜與教會的事工重點和會眾的生活節奏相連，使會眾感覺崇拜不致與現實生活脱節。然而，這種決定經文的方式不免付出沉重的代價。首先，以教會的事工或主題而選定經文，不能避免以經文遷就主題。經文所盛載的信息固然未必能有合宜的處理，「標題式」的宣講(Topical Sermon)往往也就成為了講壇的主要形式。標題式宣講固然有它的適切性，但在一些單單採用標題式宣講的講壇，經文很多時只是供借題發揮的台階和口號。會眾所聽到的，會以傳道者的分析和見解為重心。

以教會主題作為釐定和宣講經文的做法，最值得商榷的，是過分看重會眾和教會的旨趣，卻忽略了更遠和更大的視野。教會每週的崇拜聚集所宣告和認信的，是那位掌管歷史的主宰。教會的宣講自然不應該只限於推動教會事工和切合會眾生活。會眾在理清自我生命的同時，也必須從宣講裏察見更大的事工和生命——神在大地各國的主權和救贖。

相對之下，經課宣講的起步點並不是教會的事工或教導聖經所有書卷。它是以經課為宣講經文的基礎，並考慮以下幾個基本元素：福音書、教會年、神學主題。[25]如上所論，經課以宣告和見證神在基督裏的救贖為中心，宣講經課固然也就以此為目的。既然經課以神的救贖敘事為基本議程，而神的救贖敘事又源於聖經經卷，那麼以宣講神的救贖為綱領的經課宣講，必然是合乎聖經的。教會年和經課的配合，建成了宣講的架構和節奏，將教會信眾的生命與聖經內的救贖敘事結合，以此提醒教會的身分和責任。[26]它卻不是將牧者的「感動」、事工的需要、教會的議程、社會的時事動態等因素加諸經文之上。

從經課的梗概可見，每次的經文編排都有舊約、福音書和書信。四段經文兼顧了新舊約聖經的經文。宣講者既可以用新約經文作為宣講經文，也可以將講章的焦點放在舊約經文上。誠然，經課是以救恩歷史綱領為框架，經文的編選自然以福音書的內容為前設主題。至於舊約和新約其他書卷的經文，難免讓人有削足就履的感覺。舉例說，舊約創世記的敘事明顯有本身的連貫性，但在福音書為敘事主體的情況下，創世記的敘事經文往往被抽離於其上下文，繼而被放在基督論(christological)的前設角度下詮釋。在這個前設下，其他舊約經文自然不能得到「對等」的看待。[27]同樣，在教義的系統教導上，經課宣講的教義是以救恩歷史為主導。其他的神學教義，不免套落在救恩歷史這個脈絡裏。神學教義如是，會眾的需要和社會的動態課題就更如是。

上述這些原因，使不少論者認為經課並非有效的宣講計劃。因為它既不能「平衡地」宣講聖經，也不能全面鋪陳神學教義，更不能對應社會和世界的變化。

然而，如果「平衡地」宣講意味每一書卷都應該獲得同樣的宣講機會和時間，這於實踐和詮釋都頗有難處。另一方面，如果教會相信聖經的六十六卷書卷有一個統一的中心，而其他題目和旨趣又是以此為軸心的話，「平衡均等」的宣講實在並沒有多大意義。反之，就整部聖經的中心建構一個框架，才是合情合理的做法；經文的選取因而有所偏重，也是自然不過的。至於經課宣講會否削弱了教會教導的職事，這要視乎教會認為崇拜的功能應為何。如果崇拜是為了教導會眾明白聖經知識或教義要理，則經課宣講明顯會有所不足。但若然崇拜是朝見神、經歷神、重溫神的救贖恩典，從而體會自身的生命和責任，其中的關鍵並不是敬拜者對聖經知識和神學教義把握了多少。[28]

本文第一部分曾指出，經課是個詮釋。宣講也是個詮釋，每一個宣講都是詮釋活動。在宣講的背後，存在著講者的前設——對經文的前設、聖經的前設、會眾的前設等。經課宣講讓救贖歷史的前設淩駕於其他前設之上。這個前設雖然不一定否定其他前設(如教導職事的重要、會眾的需要、教會的事工、經文的適切等等)，但不能避免地將經文分了次序。它更說明了在崇拜的處境和時節裏，並不是所有經文都具同樣的宣講素質的。某些經文的價值可能符合其他處境和場合，但崇拜既是要記述基督耶穌救贖世界的歷史，那麼經文的選定和宣講自然是以此為中心。新約的福音書記載了神透過耶穌基督施行救贖的工作，因此，以福音書為綱領，再配合其他經文的經課，自然是宣講的上佳資源。

從崇拜實務的角度看，經課宣講對崇拜的設計、預備和帶領都有莫大的幫助。經文既然早已擬定，崇拜的主題和中心，自然是呼之欲出。對於崇拜中的詩歌、音樂等的配合，事奉人員可以作更佳的準備，就是會眾也可以有更多預備。對傳道者而言，經課宣講尤其避免了苦索下週經文的煩惱，更免了到週五甚至週六還不能決定要講甚麼的難處。在經課傳統下，傳道者學會順服、聆聽而不僅是倚賴自己的「領受」。最後，使用經課作宣講資源，並不表示完全不能作任何變化。教會年和經課的框架，是為教會提供一個敬拜神的路標，其中還是有調配的空間和可能性。舉例說，在五旬節和將臨期之間的「平常期」，教會固然可以仍按經課所編宣講，但亦可以因應會眾所需的教導、本身的實務或其他需要而自訂經文或題目。

結論

經課宣講源流遠長，其意義和重要性實不應因僵化的傳統而被淹沒。自七〇年代起，西方不少非禮儀教會已經重拾經課和教會年的傳統，為崇拜和某些瀕臨乾涸的講台提供了豐富的資源。華人族羣中非禮儀傳統的教會，有些或對經課和教會年的由來缺乏了解，因而未能掌握經課宣講的資源。除以上有關經課來源和意義的論述外，本文下附近年西方有關經課宣講的出版和網站，幫助讀者進一步了解、研究和使用。

附經課宣講文字及網上資源

1. 八〇年代美國的 Fortress Press 出版了一個「宣講系列」(Proclamation Commentaries)，以宣講角度詮釋三年經課循環中的聖經書卷。

2. 參 Elizabeth Achtemeier, "Aids and Resources for the Interpretation of Lectionary Texts", *Interpretation* 31（1977）, 154～164。

3. 有關經課宣講的書目：

Cochran, Shelley E. *The Pastor's Underground Guide to the Revised Common Lectionary.* 3 vols. St. Louis: Chalice Press, 1995～1996.

Cousar, Charles B., Walter Brueggemann, Beverly R. Gaventa, James D. Newsome. *Texts for Preaching: A Lectionary Commentary, Based on the NRSV.* 3 vols. Louisville: Westminster/John Knox Press, 1993～1995.

Craddock, Fred B., John H. Hayes, Carl R. Holladay, G. Tucker. *Preaching through the Christian Year: A Comprehensive Commentary on the Lectionary.* 1st ed. Philadelphia: Trinity Press International, 1992.

Hessel, Dieter T. *Social Themes of the Christian Year: A Commentary on the Lectionary*. Philadelphia: Geneva Press, 1983.

Johnson, Sherman E. *The Year of the Lord's Favor: Preaching the Three-Year Lectionary.* New York: Seabury Press, 1983.

Lawrence, Kenneth T., ed. *Imaging the Word: An Arts and Lectionary Resource*. 3 vols. Cleveland: United Church Press, 1996.

Lowry, Eugene L. *Living with the Lectionary: Preaching through the Revised Common Lectionary.* Nashville: Abingdon Press, 1992.

Soards, Marion L. *Preaching the Revised Common Lectionary.* 12 vols. Nashville: Abingdon Press, 1992～1994.

另有以下期刊：

Interpretation：一本著重聖經詮釋和神學演繹的期刊。每期均有幾篇以經課宣講為旨趣的釋經文章。

Journal for Preachers：一本按教會節期編印出版的期刊。

Lectionary Homiletics：有關經課宣講的期刊，每期有經文釋義、神學主題等。

Preaching：一本關於宣講的期刊。除專題文章外，每期亦有標題式和經課宣講的講章數篇。

Pro Ecclesia: A Journal of Catholic and Evangelical Theology：一本關於禮儀和宣講的期刊，也有經課經文的神學釋義。

4. 網上資源

Living Web Lectionary Project
http://www.livingweb.com/lectionary/ 載有各種經課資源、釋義、討論和相關的資料。

Chris Haslam's RCL Commentary: Brief Commentaries on the Revised Common Lectionary
http://www.montreal.anglican.org/comment/ 每個經課均有釋義，並可接連相關的經文網站。

The Text this Week
http://www.textweek.com 載有 RCL 經課資料，並有詳盡的釋經、講章或關連的網上資源，是一個不容錯過的資料庫。

Evangelical Lutheran Church of Canada
http://www.worship.ca/sec4.html 載有崇拜準備、RCL 宣講材料、音樂和兒童事工資料、視覺藝術資料、聖經和經課資料、禮儀研究等。

Sermons & Sermon-Lectionary Resources
http://www.rockies.net/~spirit/sermon.html 載有經課、年曆、經課講章、預習、節日、網站、禱文、經卷研習、例證、詩歌、文章、討論區等。

SAMUEL (Scripture and Memory: A Universal Ecumenical Library)
http://www.ucc.org/worship/samuel/index.shtml 包括有關崇拜的網站和資源、聖經研究、講章預備等。

Wabash Center Internet Guide: Preaching
http://www.wabashcenter.wabash.edu/Internet/preach.htm 載有許多關於宣講和聖經教導的研習資源。

註釋：

1 Thomas G. Long and Neely Dixon McCarter, *Preaching in and out of Season* (Louisville: Westminster/John Knox Press, 1990), pp.13～14.

2 參 Long, *Preaching in and out of Season*, pp.13～15; A. W. Blackwood, *Planning a Year's Pulpit Work* (Nashville: Abingdon Press, 1952); J. Winston Pearce, *Planning Your Preaching* (Nashville: Broadman Press,

1967); Martin Thielen, *Getting Ready for Sunday's Sermon* (Nashville: Broadman Press, 1989); 另有針對特別需要的計劃，參 Elizabeth Achtemeier, *Preaching about Family Relationships* (Philadelphia: Westminster Press, 1987); Harold T. Bryson and James C. Taylor, *Building Sermons to Meet People's Needs* (Nashville: Broadman Press, 1981); David H. C. Read, *Preaching about the Needs of Real People* (Philadelphia: Westminster Press, 1988); Ronald J. Sider and Michael A. King, *Preaching about Life in a Threatening World* (Philadelphia: Westminster Press, 1988); John R.W. Stott, *Christian Mission in the Modern World* (Downer's Grove, IL: InterVarsity Press, 1997)；以宣講聖經經卷為目的之計劃，見 Harold T. Bryson, *Expository Preaching: The Art of Preaching through a Book of the Bible* (Nashville: Broadman and Holman Press, 1995)。

3 參 J. Reumann, "A History of Lectionaries: From the Synagogue at Nazareth to Post-Vatican II", *Interpretation* 31 (2, 1977), 116～130; *The Revised Common Lectionary: Consultation on Common Texts. Includes Complete List of Lections for Year A, B and C* (Norwich: Cantebury Press, 1997), p.9。

4 古代猶太會堂的經課形態如何，迄今還是一個爭論。參 Heather A. McKay, *Sabbath and Synagogue: The Question of Sabbath Worship in Ancient Judaism* (Leiden, 1994)。

5 參 Paul F. Bradshaw, *The Search for the Origins of Christian Worship: Sources and Methods for the Study of Early Liturgy* (Oxford: Oxford University Press, 2002), pp.36～39。

6 然而，米示拿(Mishnah)、他爾目(Talmud)和其他文獻，對會堂讀經的有關記載並不統一。

7 除了路加福音和使徒行傳的記載，二世紀的殉道者猶斯丁(Justin Martyr)亦見證了基督徒在崇拜裏讀經，見其 *First Apology*, 67.3。

8 西四16；二世紀的教父亦有類似的見證。參註7，四世紀的 *Apostolic Constitutions* 8.5.5亦見此傳統。

9 Leon Morris, *The New Testament and the Jewish Lectionaries* (London: Tyndale, 1964).

10 基督徒在主日敬拜聚會的記載，除見於新約作品，另見於二世紀殉道者猶斯丁的 *First Apology*，其餘的見證還有 *Didache*, 14; Ignatius, *Magnesians*, 9; *Letter of Barnabas*, 15.9。

11 「復活節」(Easter)一詞源自英文，也是今天廣為人知的詞彙，但更遠古在希臘文和拉丁文是 *Pascha*，今天不少教會仍保留這個詞彙的用法。

12 Eusebius, *Church History*, 5.23-25.

13 Text in Kirch, *Enchiridion Fontium Historiae Ecclesiasticae Antiquae* (Barcelona, 1965), pp.331～332. 引自Richard M. Nardone, *The Story of the Christian Year* (New York: Paulist Press, 1991), p.16。

14 見 Adolf Adam, *The Liturgical Year: Its History and Its Meaning after the Reform of the Liturgy* (New York: Pueblo Publication, 1979), pp. 122～125。

15 本文討論所涉的，是西方(即拉丁羅馬)教會影響所及的教會，並沒有包括受東方(希臘)教會影響的支派，如亞米尼亞(Armenian)教會、巴勒斯坦／敍利亞(Syro-Palestinian)教會、納斯多留(Nestorian)教會等。

16 John Chrysostum, *Operia Omnia*, 引自 James White, *Introduction to Christian Worship*, rev. ed. (Nashville: Abingdon Press, 1990), p.68。

17 Reumann, "A History of Lectionaries", 124～125.

18 如浸禮、殉道者等因素，參 Reumann, "A History of Lectionaries", 126～127; Richard M. Nardone, *The Story of the Christian Year* (New York: Paulist Press, 1991), pp.53～119。

19 *The Calendar and Lessons for the Church Year* (London: SPCK, 1969).

20 "Sacrosanctum Concilium", Article 51, *The Documents of Vatican II*, ed. Walter M. Abbott (New York: Association Press, 1966), p.155.

21 Reumann, "A History of Lectionaries", 129.

22 同上。

23 見使徒行傳二章1至41節。

24 參 Edward Farley, "Preaching the Bible and Preaching the Gospel", *Theology Today* 50 (1, 1994), 90～103。

25 William J. Carl III, "Planning Your Preaching : A Look at the Lectionary", *Journal for Preachers 4,* 3 (Easter, 1981), 13～17；亦參 William H. Todd, "A Word for the Fashion Conscious or the Limits of the Lectionary", *Journal for Preachers 11*, 1 (Advent, 1987), 35～37。

26 Lloyd R. Bailey, "The Lectionary in Critical Perspective", *Interpretation* 31 (1977), 139.

27 這並不是經課宣講獨有的難題，所有形式的宣講都不免碰到這個問題。讀者如能將一般主日講台所用的經文作一統計，不難發現主日講台根本不可能「公平」地處理新舊約所有的經文。

28 參 Gerard S. Sloyan, "Is Church Teaching Neglected When the Lectionary is Preached?", *Worship* 61 (March 1987), 126～140。

教會事工系列 伴您作多方面裝備，服事教會！

屬靈生命的素質——聖靈果子研讀本（組長本）
The Quality of A Spiritual Life: Fruit of the Spirit Bible Studies (Leader's Guide)
施家倫（Peter Scazzero）著／郭詠儀 譯／HK$98

屬靈生命的素質——聖靈果子研讀本（組員本）
The Quality of A Spiritual Life: Fruit of the Spirit Bible Studies (Study Guide)
施家倫（Peter Scazzero）著／郭詠儀 譯／HK$88

心靈關顧——修正基督徒的培育和輔導觀念
Care of Souls: Revisioning Christian Nurture and Counsel
貝內爾（David G. Benner）著／尹妙珍 譯／HK$88

宣講之道——經文到講章之旅
孫寶玲 著／HK$88

宣講中的聖經——生命更新的信仰記號
The Sign Language of Faith: Opportunities for Preaching Today
戴歌德（Gerd Theissen）著／許子韻 譯／HK$83

不可或缺的教會——重獲流失的一代
Essential Church? Reclaiming a Generation of Dropouts
湯姆・雷納（Thom S. Rainer）、薩姆・雷納（Sam S. Rainer III）著／
陳永財 譯／HK$88

信主之後（附研讀指引）
梁家麟 著／HK$98

事奉生命的建立——認識事奉的態度、原則與恩賜
郭鴻標 著／HK$73

屬靈品格的建立——認識屬靈的操練、品格與價值觀
郭鴻標 著／HK$68

101間香港教會經驗分析
葉松茂 著／HK$128

創意無界限——百變聖經教室

霍張佩斯 著／HK$98

親子敬拜樂園

霍張佩斯 著／HK$108

跳！跳！跳！動物嘉年華！

陳芝瑛 著／HK$68

聖經人物嘉年華——幼兒導師手記

陳芝瑛 編著／HK$88

佈道對談——在日常生活中談論上帝
Holy Conversation: Talking About God in Everyday Life

理察．皮斯（Richard Peace）著／黃大業 譯／HK$68

崇拜與聖樂——理論與實踐全方位透視

陳康 著／HK$108

崇拜：歷久常新
Ancient-Future Worship: Proclaiming and Enacting God's Narrative

韋柏（Robert E. Webber）著／陳永財 譯／HK$83

時間：歷久常新——教會年曆與靈命塑造
Ancient-Future Time: Forming Spirituality Through the Christian Year

韋柏（Robert E. Webber）著／陳永財 譯／周君善 學術校閱／HK$108

人際衝突與靈命塑造

陳校慈 著／HK$48

真誠的關係——發掘失落了的互為肢體之道
Authentic Relationships: Discover the Lost Art of "One Anothering"

韋恩．雅各布森（Wayne Jacobsen）、克萊．雅各布森（Clay Jacobsen）著／陳永財 譯／HK$68

創意處理衝突
Managing Conflict Creatively

唐納德 C. 帕爾默（Donald C. Palmer）著／何敏璇、石彩燕 譯／HK$68

緊扣時代 服事教會

以文字傳揚基督真道

讀者意見表

衷心多謝你購買本社書籍。本社一直致力以出版事工服事教會，幫助信徒扎根於神的話語，促進靈命增長。為使我們的出版更能滿足你的需要，請填寫下列各項資料，並寄回或傳真予本社。

所購書籍：____________________

本書最吸引你的地方：
☐作者　☐適切性　☐文筆　☐設計　☐實用性
☐其他：____________________

購買本書地點：
☐基道書樓　☐基督教書店　☐非基督教書店

性別：☐男　☐女　職業：____________________

信仰：☐基督徒　☐非基督徒

年齡：☐ 16 歲或以下　☐ 17～25 歲　☐ 26～35 歲
☐ 36～55 歲　☐ 56 歲或以上

學歷：☐中三或以下　☐中五　☐預科
☐大學　☐研究院

☐我欲更多了解基道出版社的事工及考慮支持，請寄給我下列資料：
☐機構簡介　☐新書資料　☐基道會員通訊
☐《基道文字事工通訊》

姓名：____________________電話：____________________

地址：____________________

____

傳真：____________________ 電子郵件：____________________

其他意見：____________________

____

多謝賜教！

意見表可以傳真（2687-0281）或直接郵寄以下地址：
香港沙田火炭坳背灣街26號富騰工業中心1011室
基道出版社編輯部收